eビジネス新書

No.401

週刊東洋経済

みずほ 解けない呪縛

週刊東洋経済 eビジネス新書 No.401

みずほ 解けない呪縛

本書は、東洋経済新報社刊『週刊東洋経済』2021年10月23日号より抜粋、加筆修正のうえ制作しています。情報は底本編集当時のものです。(標準読了時間 90分)

みずほ　解けない呪縛　目次

金融庁は怒り心頭

みずほ〝異例〟処分の裏側

「みずほが再びお客様や社会から信頼される存在となれるよう、経営陣が率先して全力を尽くしていきます」

2021年8月30日、みずほフィナンシャルグループ（FG）の従業員の元には、FGの坂井辰史社長と、みずほ銀行の藤原弘治頭取の連名でこんなメールが届いた。

21年に入ってシステム障害が相次いで発生していることを受けたもので、復旧や顧客対応に当たる行員に対する感謝や、実態解明と再発防止策策定に向けた意気込みがつづられている。

しかしそこでは障害の原因や責任について、一言も触れられていない。そのため「文章が長いだけで中身はなく、記憶にさえ残らないようなものだ」（みずほの中堅幹部）と反応は冷ややかだ。

それでなくても現場は大忙しだ。「顧客からシステムについて聞かれない日がない」（20代の法人営業担当）にもかかわらず、「会社から報道されている以上の具体的説明はない」（同）。「再発しないとは言い切れないので、とにかく謝るしかない」と行員たちは諦め顔だ。

検査中に異例の措置

実際、システム障害に関し改善の気配は見えない。8回の障害の中には、原因が把握し切れていないものもあったという体たらくだ。

ところが、みずほの危機感は薄い。システム更改の計画には、「能動的にアクションを起こすものがあった」（金融庁幹部）。つまり、問題解決が終わっていないのに新規サービス拡充を図っていたというのだ。

これに対し金融庁は、「少なくとも今はそういう局面ではない」（同）と怒り心頭。

「改めて、気合を入れてもらう必要がある」（同）と、異例の措置に動いた。検査中にもかかわらず、業務改善命令を出したのだ。

もともと、みずほへの改善命令はもっと早く出されていたはずだった。2月から3月にかけて立て続けに起きた4回の障害の後、みずほは外部の専門家を招いて第三者委員会を設置。6月の調査報告書を受けて再発防止策を公表していた。その結果、金融庁も8月ごろには業務改善命令を出して〝幕引き〟を図るつもりだった。

ところが、まさに命令が下ろうという8月20日、みずほが5回目の障害を起こしてしまう。これには金融庁も激怒。さらにその後も障害が相次ぐという出口の見えない状況に、金融庁は検査終了後に業務改善命令を出すという通常の処分では足りないと判断。異例中の異例である、検査中の改善命令に至ったというわけだ。

命令では、みずほが計画しているシステム更改、更新の計画を見直し、金融庁に報告することを求めている。「報告された計画や内容に対して必要な確認や検証をし、言うべき部分があれば指摘、やり取りをしていく」（金融庁）という。みずほだけに任せていては障害は止まらない、という危機感が見て取れる。

みずほは発足以降、数々の業務改善命令を受けてきた。

20年で11回も処分―みずほが受けた主な行政処分―

1999年	12月	第一勧業銀行、富士銀行、日本興業銀行の3行統合を発表
2000年	9月	みずほHD設立
02年	4月	みずほ銀行、みずほコーポレート銀行発足。初日にシステム障害発生
	6月	システム障害で、HDと銀行に業務改善命令
03年	1月	みずほFG設立
	8月	ETFなど投資勧誘での違反行為で、証券に業務改善命令
04年	1月	株式取引の相場形成で、証券に一部業務停止命令
	12月	行員による横領で、銀行に業務改善命令
05年	12月	株式の大量誤発注で、証券に業務改善命令
06年	4月	顧客情報流出で、銀行に業務改善命令
07年	10月	顧客情報の不正利用で、証券に業務改善命令
11年	3月	東日本大震災の義援金振り込み集中で、システム障害発生
	5月	システム障害で、FGと銀行に業務改善命令
13年	7月	みずほ銀行とみずほコーポレート銀行が合併、ワンバンク体制に
	9月	反社会的勢力への不正融資で、銀行に業務改善命令
	12月	反社会的勢力への不正融資で、銀行に一部業務停止命令
16年	4月	カンパニー制を導入
19年	7月	新勘定系システム「MINORI」への移行が完了
21年	2月	定期預金のデータ移行を原因にATM障害が発生。2〜3月に計4回の障害が発生
	6月	第三者委員会が報告書を提出、再発防止策を発表
	8月	機器故障で店頭取引が停止する障害が発生。8〜9月に計4回の障害が発生
	9月	システム障害で、FGと銀行に業務改善命令

(注)HDはホールディングス、FGはフィナンシャルグループの略　(出所)取材を基に本誌作成

初めて受けた処分もシステム障害によるものだった。旧第一勧業銀行、旧富士銀行、旧日本興業銀行の3行が統合され、みずほ銀行が発足した初日、それぞれのシステムをつなぐのに失敗。ATMが使えなくなる、口座振り替えが250万件も遅れるといった大規模障害を引き起こした。

2011年には、再び大規模なシステム障害が発生。東日本大震災の義援金受け付けで大量の振り込みが集中したことで、100万件を超える取引に遅れが生じた。不祥事はシステムにとどまらない。13年には、暴力団への融資が発覚。この事件では金融庁に対して、「情報を知っていたのは担当役員までだった」と虚偽の報告を行い、一部業務停止命令まで出される事態となった。

これまで金融庁は、問題が起きるたびに行政処分を出してきたが、あくまでみずほの自主性を尊重する形で進めてきた。しかし、今回の処分は違う。みずほ自身の計画に対して目を光らせるということは、「箸の上げ下ろしまでチェックする」ということで、一歩踏み込んだといえる。

というのも、みずほが金融庁のことを「なめているフシがあった」（金融庁関係者）からだ。

その典型が5月に行われた営業店改革だ。4月に予定されていたものを、システム障害を受けて延期。ところがそのわずか1カ月後、みずほは実施に動いたのだ。みずほが金融庁にお伺いを立てた際、「そんなことをしている場合でしょうか」と苦言を呈されていたにもかかわらずだ。

規制業種である金融機関にとってお上の言うことはある意味絶対で、逆らうことなどありえない。ところが、「普段から金融庁とのコミュニケーションがうまく取れていない」（みずほの中堅幹部）みずほは、「どうすれば金融庁を納得させられるかを考え、強引に進めた」（同）というのだ。

そうした経緯もあって金融庁の怒りは尋常ではない。今回の改善命令では、わざわざ注意書きまでつけて、「全般的な検証は継続する」。その結果を踏まえて、改めて必要な行政対応について検討する」とクギを刺しているのだ。つまり金融庁からの処分は、今回の業務改善命令にとどまらない可能性が高い。

そもそも金融庁は、システム障害を技術的な問題だと捉えていない。複数の関係者によれば、金融庁はシステム障害の原因が「3行が合併してから今に至るまで培われてきた組織風土やガバナンスにある」とみているというのだ。

みずほは6月、藤原頭取を退任させ、会長への就任も取りやめる方向で動いていた。藤原氏のクビを差し出すことで事態の収拾を図ろうとしたわけだ。しかし金融庁は、これにストップをかける。

「人事は当事者が判断する話。ただ、その判断の理由が世の中に納得のいく形でないといけない」(金融庁幹部)。つまり、根本的な問題解決を図らずにお茶を濁すようなことは許さないということだ。

この金融庁幹部は、「一個人の適性には着目していない」とし、「社外取締役を含め、組織としてガバナンス体制が機能しているかが重要」と語る。

それを聞いたほかのメガバンク幹部は、「組織を解体するかのようなゼロからの再出発を図れとのメッセージなのではないか。金融庁がとてつもなく怒っていることの表れだろう」と解説する。

その怒りは、坂井社長が事情を説明しようと金融庁の中島淳一長官に面会を申し込んでも拒まれるほどだ。最近になって、ようやく面会できたというが、「金融庁の意図を理解できないみずほに、行動をもってわからせようという意思の表れではないか」（メガバンク幹部）とみられている。

新規事業はストップ

不祥事の渦中にあるみずほだが、業績は決して悪くない。まだまだほかのメガバンクには及ばないものの、収益力を表す業務純益が大きく上向き、経費率も改善した。自己資本比率も目標の9％に到達。戦略的な投資を行えるようになった。

3メガで独り負け —3メガバンクの主要な財務指標の比較—

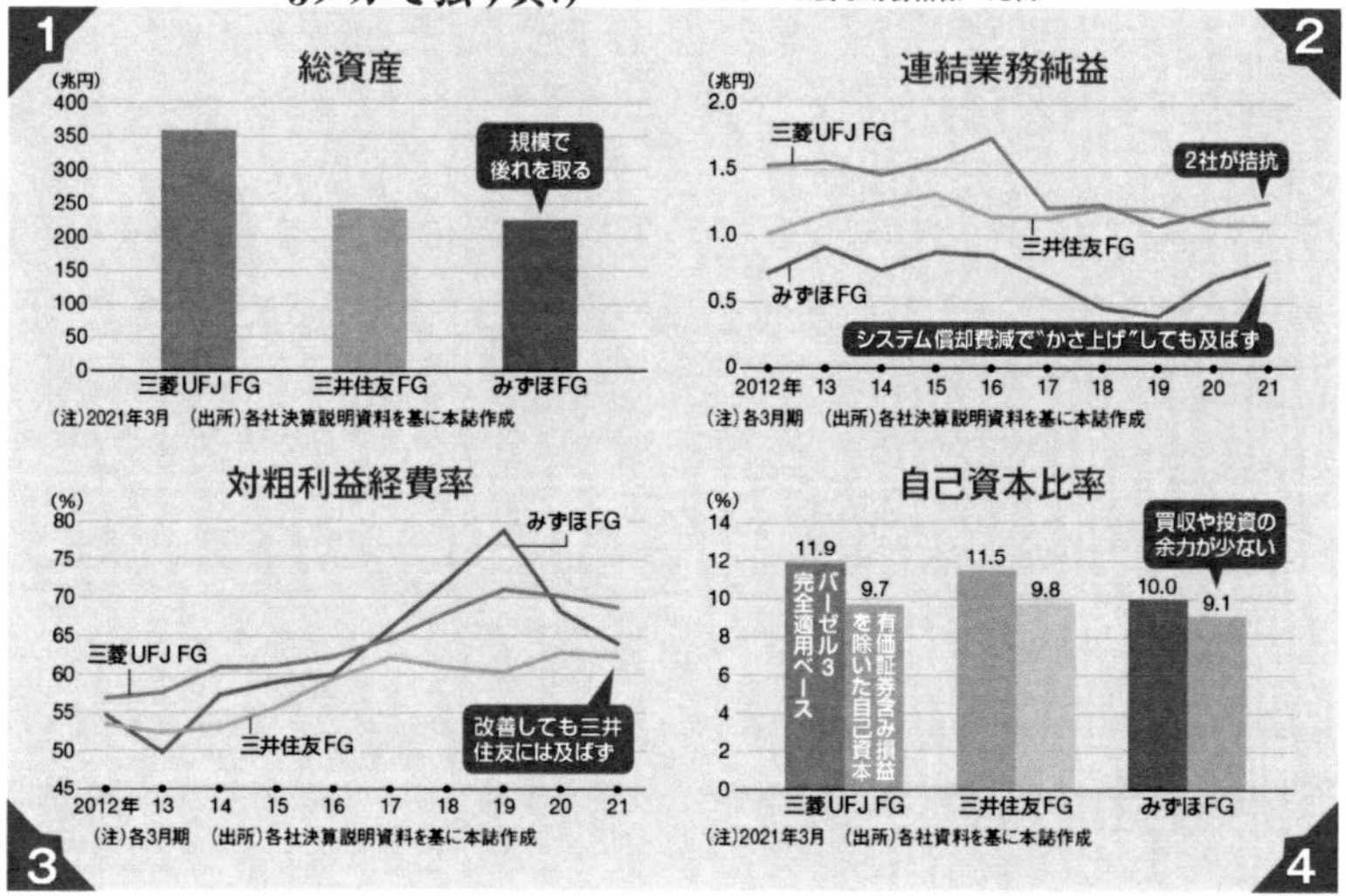

1
総資産
(兆円)
400
350
300
250
200
150
100
50
0
規模で
後れを取る
三菱UFJ FG
三井住友FG
みずほFG
(注)2021年3月 (出所)各社決算説明資料を基に本誌作成
2
連結業務純益
(兆円)
2.0
1.5
1.0
0.5
0
三菱UFJ FG
2社が拮抗
三井住友FG
みずほFG
システム償却費減で"かさ上げ"しても及ばず
2012年 13 14 15 16 17 18 19 20 21
(注)各3月期 (出所)各社決算説明資料を基に本誌作成
3
対粗利益経費率
(%)
80
75
70
65
60
55
50
45
みずほFG
三菱UFJ FG
三井住友FG
改善しても三井
住友には及ばず
2012年 13 14 15 16 17 18 19 20 21
(注)各3月期 (出所)各社決算説明資料を基に本誌作成
4
自己資本比率
(%)
14
12
10
8
6
4
2
0
買収や投資の
余力が少ない
11.9
バーゼル3
完全適用ベース
9.7
有価証券含み損益
を除いた自己資本
11.5
9.8
10.0
9.1
三菱UFJ FG
三井住友FG
みずほFG
(注)2021年3月 (出所)各社資料を基に本誌作成

しかし、今後も成長が続くかといえばそうではない。収益増加は一時的なものが多いのだ。さらに、今回の業務改善命令によって、「金融庁がオーケーを出すまでの間、新規事業はもちろんのこと、投資などはストップせざるをえない」（みずほ幹部）からだ。

さらに言えば、システム障害によって信用を失ったことによる顧客離れはすでに始まっており、「かなりの痛手となりそう」（同）との見方がもっぱらだ。

相次ぐシステム障害の背景を、みずほの誕生時までさかのぼって多角的に分析、みずほに巣くう病巣を明らかにしたうえで、みずほの将来について見ていくことにする。

崖っぷちまで追い込まれているみずほ。その行く先に光は見えない。

（藤原宏成）

古い設計のものをそのまま使用

システム障害本当の理由

今のままでは、いつまで経っても障害は収まらず、永遠に続くのではないか――。みずほ銀行でシステムを担当する行員は、こんな不吉な〝予言〟を口にする。みずほでは、２０２１年２月から９月にかけて、実に８回ものシステム障害が発生。第三者委員会の報告を受けて６月に再発防止策を打ち出したものの、その後も障害が続くなど、泥沼の様相を呈している。

周辺システムが未刷新、機器故障も頻発 —みずほFGのシステム構成と障害の要因—

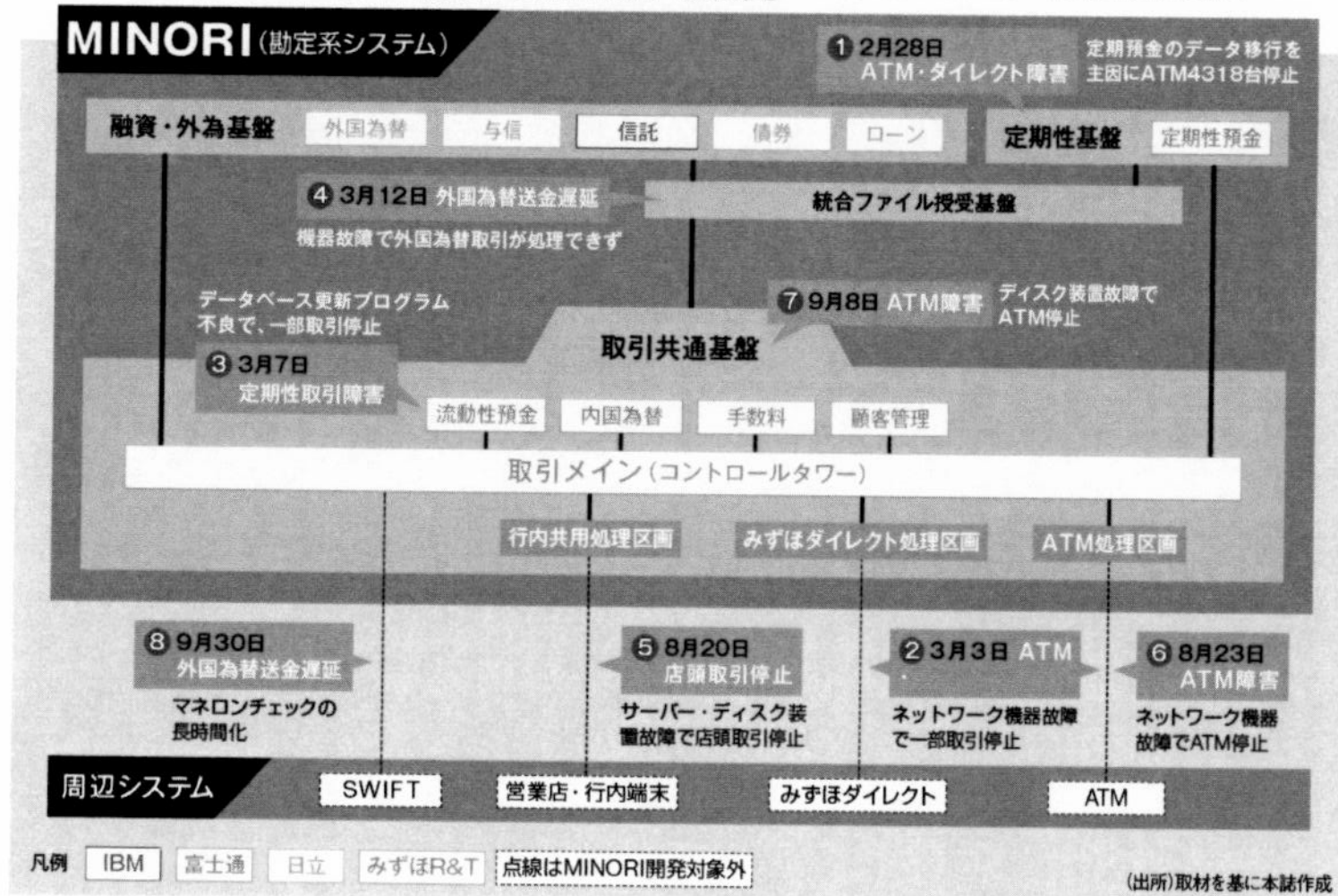

中でも影響が大きかったのは、1回目と5回目の障害だ。1回目の障害では、最大4318台のATMが停止。カードや通帳が取り込まれるという事態が相次いだ。原因は、定期預金のデータ移行作業。2月末という取引集中日にもかかわらず作業を行ったため、メモリーが容量不足を起こしたのだ。他行やシステムの関係者は「月末に作業をするなんて考えられない」とあきれ顔で、まさにみずほの甘い考えが招いた障害だった。

8月20日に発生した5回目の障害では、店頭取引が停止した。9時から9時45分まですべての店頭取引ができず、融資や外国為替の取引に至っては11時58分まで影響が続くありさまだった。

こちらは機器故障が原因だったが、顧客への周知の遅さが問題となった。システムが停止したのは19日の20時53分。20日の未明には、システム担当者に「開店に間に合わない可能性があると連絡が来ていた」（システム担当者）にもかかわらず、みずほがホームページにお知らせを掲載したのは8時30分と開店30分前。「あわよくば障害を隠そうとしていたフシがあったのではないか」（金融庁幹部）とみられたからだ。

こうした経営陣の甘すぎる判断に、「危機をやり過ごそうと必死で、障害の原因を根本的に解決しようという考えはない」と嘆くみずほ行員も少なくない。

みずほは、2019年に新しい勘定系システム「MINORI」へ移行。口座や融資の残高管理、利息計算などを担う銀行の中核システムで、開発に約8年の歳月と約4500億円もの大金を投じた。

だが、勘定系システムこそ新しくなったものの、ATMや営業店端末などをつなぐ周辺のシステムの一部では、「古い設計のものがいまだに使われている」と前出のシステム担当者は指摘する。というのも、こうした周辺システムはMINORI開発計画の対象外とされ、手つかずとなっていたからだ。

保守切れ10年以上の機器

先の図は、みずほの現行システムの構成と障害箇所をまとめたものだが、これを見ると、周辺システムに障害が多いことがわかる。障害はＭＩＮＯＲＩ側にもあるが、影響が出るのはＡＴＭなどの周辺システム。周辺システムとＭＩＮＯＲＩの仕様がマッチしておらず、ＭＩＮＯＲＩ側の停止は防げても、予想に反してＡＴＭなどの機器やシステムが止まってしまうのだ。

さらに、機器故障の多さも目につく。これは「メーカーの保守期限を超えた機器を、いまだに使用しているから」(同)。「保守の切れた部品を大量に確保し、壊れたら交換する」という方法でしのいでいるといい、中には「保守が切れてから１０年以上使っているものもある」というから驚きだ。実際、８月２０日の障害では、特定型番の機器で故障率が上昇していた。

背景には、みずほが目下取り組んでいる経費削減がある。

超低金利が長きにわたる昨今の金融環境では収益を劇的に向上させるのは無理な話で、コストカットが喫緊の課題。とくにみずほはこれまで3メガの中でも経費率が高く、店舗や人員をはじめとするコスト削減を積極的に進めていた。

中でも、コストカットの圧力をかけられていたのがシステム部門だ。「前年対比で

10％程度の予算削減を迫られていた」と別のシステム担当者は明かす。システムの維持には一定のコストがかかるため、さらに減らすとなれば保守費用を削るしかない。結果的に保守に十分な手が回らない体制が出来上がってしまったわけだ。

減ったのは予算だけではない。MINORI移行期間に大量投入された人員も、移行完了と同時に大幅に削減されている。

例えばシステム管理を担うみずほリサーチ＆テクノロジーズ（みずほR＆T）では、18年3月末に1051人いたMINORIに関わる人員が21年3月末には345人まで減少、持ち株会社や銀行でも一定役職以上の人員が76人から65人に減っており、「人事部付で出向待ちのような状態になっている人もいる」（みずほ幹部）。

しかし、ほかのメガバンク幹部が「銀行にとって最も重要な基盤で、コストカットなどありえない」と指摘するように、システムは費用と人員を最も割かなくてはいけない分野。つまりみずほは、システムを軽視し続けてきたわけだ。

こうした状況は、障害が続いている現在も変わっていない。システム部門からは、「数十人規模のシステム経験者のリストを作り、人員補充をお願いしている」（システム担当者）が、「検討されているとは思えない」（同）という。

長らく続くシステム軽視

こうした「システム軽視」は今に始まったことではない。次表は、みずほのシステムの変遷を示したもの。発足以前、旧第一勧業銀行の勘定系システムは富士通が、旧富士銀行は日本ＩＢＭが、旧日本興業銀行は日立製作所が担当していた。

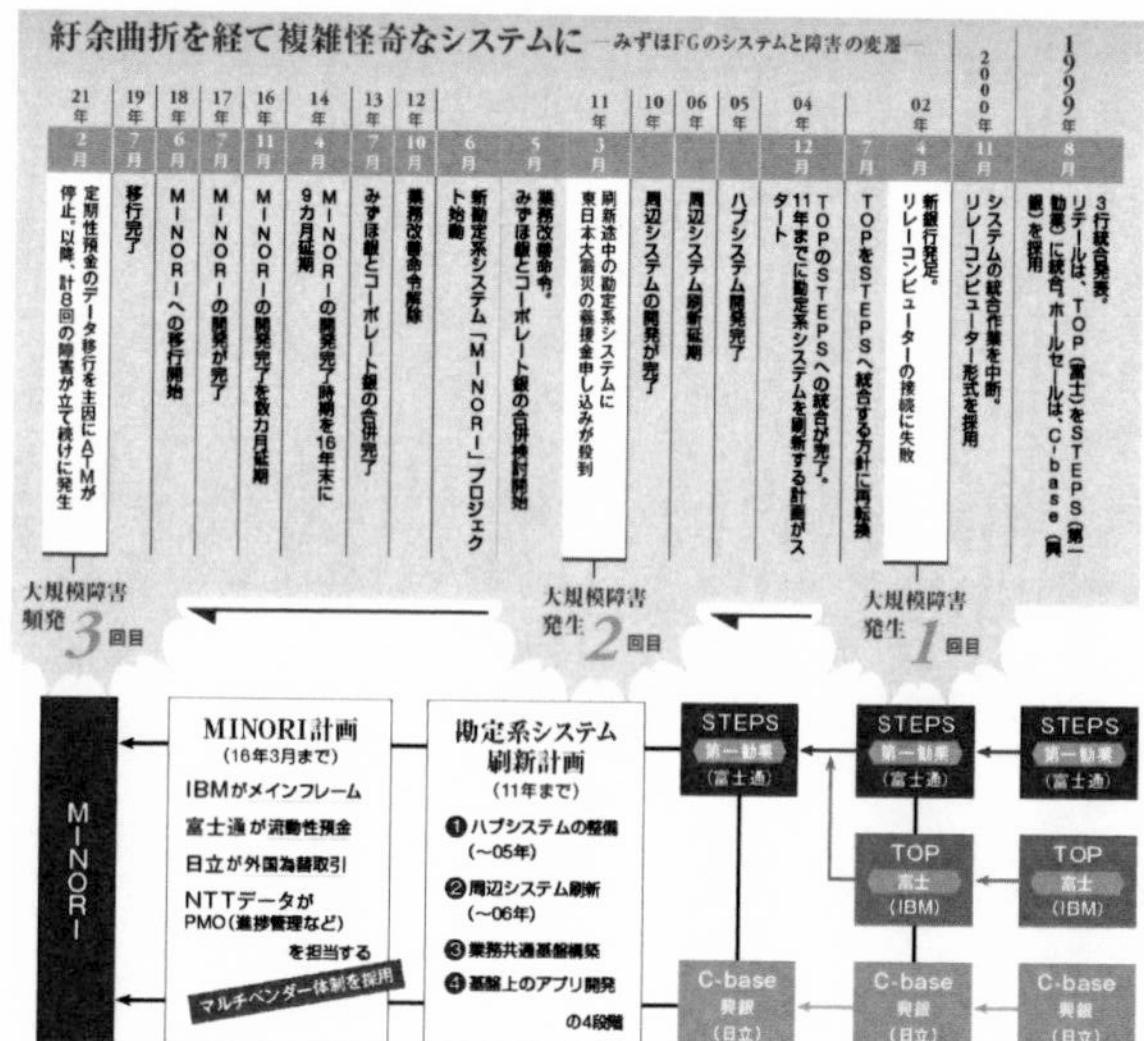

(出所)取材を基に本誌作成

合併と同時にシステム統合が計画されたが、事態は迷走する。富士が、勘定系を担っていたIBMや営業店システムを担っていた沖電気工業といった親密先との取引を維持するために抵抗したからだ。結果、統合作業は中断。リレーコンピューターというシステムで3つのシステムをつなぐという妥協策でどうにか落ち着いた。

しかし、縄張り争いに時間を費やしたために十分なテストの時間がなく、合併初日から大規模なシステム障害を起こし、今に至る〝負の連鎖〟を招いてしまった。

システムより旧行ベースの縄張りや営業面を重視する体質は、今も変わっていない。「部品調達などでベンダーを変更しようとしても、『取引があるから』とストップされる」（システム担当者）という。

結果、MINORIの開発でも、従来各行が利用していたIBM、日立、富士通のすべてと、NTTデータの4社がメインのベンダーとして参加する「マルチベンダー体制」が採られている。

このマルチベンダー体制は障害後の対応の遅さにつながり、被害拡大の遠因となりうる。複数箇所にまたがる障害が起きた際、関わっている複数のベンダーに連絡しなければならず非効率だ。

マルチベンダーで複雑な体制に
—みずほFGのシステム管理体制—

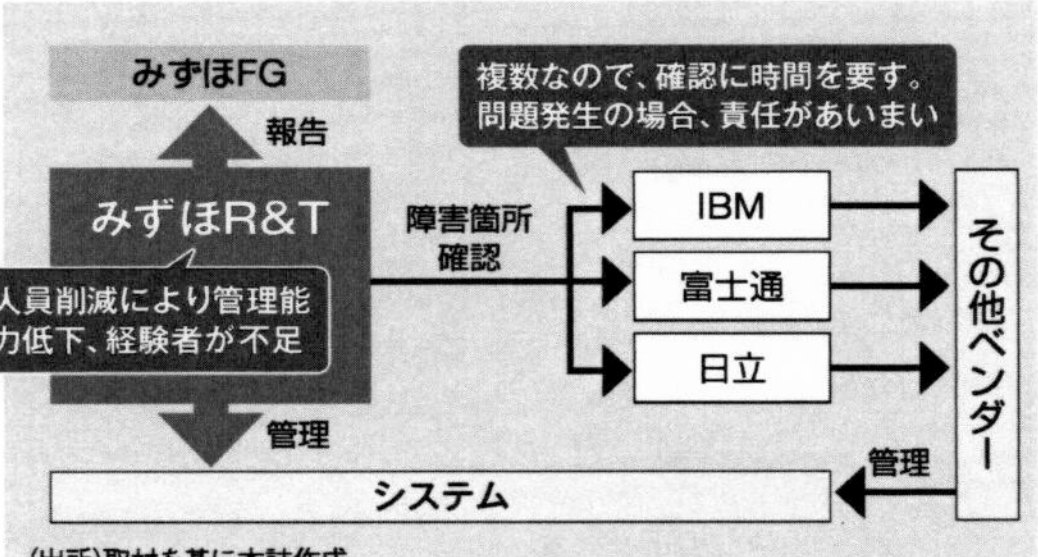

(出所)取材を基に本誌作成

みずほ側の運営体制が盤石であれば問題はないが、システム運用を担っているみずほR&Tは「基本的にベンダーに丸投げ」（みずほR&TのOB）。「複数ベンダーをコントロールできていない」（システム担当者）と指摘する声もある。

ほかのメガバンクでは、このような事態は起きていない。三菱UFJ銀行は旧三菱が、三井住友銀行は旧住友がそれぞれ主導権を握り、合併を進めた。それに伴い、システムも1つのベンダーに集約。みずほのような複雑な運営体制にはなっていないのだ。

長らく内部で主導権争いを続けていたみずほで、障害の連鎖が止まらないのは、ある意味必然だったともいえる。

（藤原宏成）

システム障害の裏にある　みずほの「病巣」

「組織として（リスク管理や危機対応が）本当にワークしているのか、もう一度よく考えるべきだ」

みずほ銀行による7度目のシステム障害を受けて、金融庁が検査期間中の業務改善命令という異例の処分を下した2021年9月下旬。金融庁の幹部は、厳しい表情でそう語った。

金融庁は一連のシステム障害の原因について、技術的な問題点よりも、むしろみずほのガバナンス体制に目を向けている。システム障害発生前後の一連の稚拙な対応の裏側に、経営陣と現場をつなぐパイプの目詰まりや断絶があるとみているからだ。

なぜそうした目詰まりが起きるのか。背景には、日本興業銀行、富士銀行、第一勧業銀行の旧3行が合併し、みずほフィナンシャルグループが誕生してから現在に至るまで、組織をむしばむさまざまな〝病巣〟が存在している。

イタリア人、フランス人、ドイツ人――。これは、旧3行の英語表記の頭文字「I」「F」「D」を使った出身行を表す隠語だ。みずほと取引のある企業の幹部は宴席の場で、みずほの役員がこの隠語を使い「イタリア人とは話が通じない」などと管を巻く姿を何度も見ているという。

内ゲバ同然の内部抗争

これこそが、病巣の1つである「旧行意識」だ。みずほは誕生以来、旧3行の出身者がそれぞれ出身行の地位と影響力を維持しようと、内向きな縄張り争いを繰り広げてきた。

その歴史は2000年に旧3行が経営統合をしたときにさかのぼる。「対等合併」にこだわり、興銀の西村正雄頭取、富士の山本恵朗頭取、一勧の杉田力之頭取の3人が、みずほホールディングスの共同ＣＥＯ（最高経営責任者）となって、事実上の３トップ体制を敷いたことが事の発端だ。

だが不良債権問題で業績は悪化、経営体制の刷新を迫られる。そうした状況を受けて０２年にみずほ銀行（ＢＫ）とみずほコーポレート銀行（ＣＢ）という２バンク体制を軸とする、みずほグループが発足した際にも、ＦＧ社長に富士出身の前田晃伸氏が就き、ＢＫ頭取に一勧出身の工藤正氏、ＣＢ頭取に興銀出身の齋藤宏氏が就任、３行でポストを分け合った。

トップだけではない。ＦＧと傘下２バンクの役員ポスト数を足して３で割り、１人の誤差も出ないよう、3行出身者を均等に割り振るこだわりようで、「まるで芸術作品」（みずほＯＢ）と自嘲するほどだった。

「これ以上、（縄張り争いの）政治をしないでくれ！」人事の季節になれば、不利な立場に追い込まれた役員が、出身行の違う役員に懇願する場面が見られたという。

さらにみずほＯＢは、「興銀が富士と手を組み、一勧の追い出しを画策。駆逐し終わったら、今度は富士に狙いを定め人事部門などのポストを握って実力者をラインから外し、追い出していった」と明かす。まさに〝内ゲバ〟だ。

強まる「興銀支配」

みずほ内部でも、こうした不毛な縄張り争いに対する問題意識はあった。金融庁も問題視し、改善を迫っていたからだ。そのため、現在FG会長を務める佐藤康博氏が、11年に社長に就任した際、BKとCBを1つにするワンバンクへの移行とともに3行のバランス人事を廃止し、「実力主義」による人事を行う方針を打ち出す。

その結果、委員会設置会社となった2014年には興銀出身者が社長をはじめとする8人を占めたのに対し、富士出身者は6人、一勧出身者は3人まで減少。現在は、興銀出身者が会長、社長などFGの主要ポストを占める形で12人であるのに対し、富士出身者は6人、一勧出身者に至ってはわずか2人だ。

そして興銀だけが残った —誕生から現在までの役員一覧—

21年 現在

役職	氏名	出身	入行年次
会長	佐藤康博	興銀	S51
社長	坂井辰史	興銀	S59
副社長	今井誠司	一勧	S61
取締役兼執行役専務	梅宮 真	富士	S62
	若林資典	興銀	S62
取締役	上ノ山信宏	興銀	H3
	平間久顕	興銀	S61
	月岡 隆	社外	—
	甲斐中辰夫	社外	—
	小林喜光	社外	—
	佐藤良二	社外	—
	山本正已	社外	—
	小林いずみ	社外	—
執行役専務	石井 哲	興銀	S61
	大塚雅広	富士	S61
	福家尚文	日興	H29
執行役常務	吉原昌利	富士	S60
	芝田康弘	興銀	S61
	石川正道	興銀	S62
	木原正裕	興銀	H1
	牛窪恭彦	興銀	H1
	猪股尚志	富士	H2
	高田政臣	富士	H1
	菊地比左志	興銀	S63
執行役	米井公治	富士	S60
BK頭取	藤原弘治	一勧	S60
TB社長	梅田 圭	安信	S63
SC社長	浜本吉郎	興銀	H2

◀ 14年 委員会設置会社移行

役職	氏名	出身	入行年次
社長	佐藤康博	興銀	S51
副社長	辻田泰徳	富士	S56
取締役兼執行役常務	綾 隆介	興銀	S59
	真保順一	興銀	S59
	藤原弘治	一勧	S60
取締役	高橋秀行	興銀	S55
	船木信克	一勧	S56
	野見山昭彦	社外	—
	安楽兼光	社外	—
	大橋光夫	社外	—
	川村 隆	社外	—
	甲斐中辰夫	社外	—
	大田弘子	社外	—
執行役副社長	岡部俊胤	富士	S55
	安部大作	興銀	S55
執行役専務	神吉 正	一勧	S56
	菅野暁	興銀	S57
執行役常務	加藤純一	富士	S55
	星 正幸	富士	S57
	神宮知茂	興銀	S58
BK頭取	林 信秀	富士	S55
TB社長	中野武夫	富士	S55
SC社長	本山博史	興銀	S52

2013年にみずほ銀行とみずほコーポレート銀行を統合しワンバンク体制に。その直後に暴力団融資問題が発覚し、ガバナンス体制の大幅刷新を迫られた

◀ 11年 大規模システム障害

役職	氏名	出身	入行年次
会長	塚本隆史	一勧	S49
社長	佐藤康博	興銀	S51
副社長	西澤順一	富士	S55
	土屋光章	興銀	S52
常務取締役	中野武夫	富士	S55
	河野雅明	一勧	S54
取締役	野見山昭彦	社外	—
	安楽兼光	社外	—
	大橋光夫	社外	—
常勤監査役	築治義信	富士	S54
	伊豫田敏也	興銀	S52
監査役	石坂匡身	社外	—
	今井 功	社外	—
	関正 弘	社外	—
常務執行役員	安部大作	興銀	S55
	森脇 朗	富士	S55
執行役員	飯盛徹夫	富士	S59
	津原周作	富士	S58
	小池正兼	一勧	S57
BK頭取	塚本隆史	一勧	S49
CB頭取	佐藤康博	興銀	S51
TB社長	野中隆史	富士	S50
SC社長	本山博史	興銀	S52

東日本大震災の義援金処理に伴って大規模なシステム障害が発生。みずほ銀行の西堀利頭取らが引責辞任したことで、佐藤社長による長期政権が敷かれることになった

◀ 2003年 みずほFG設立

役職	氏名	出身	入行年次
社長	前田晃伸	富士	S43
副社長	杉山清次	一勧	S46
常務取締役	町田 充	富士	S47
	河田 潤	興銀	S49
取締役	齋藤 宏	興銀	S41
	工藤 正	一勧	S42
	福原義春	社外	—
	グレン・S・フクシマ	社外	—
常勤監査役	竹内彰雄	富士	S46
	上田秀美	興銀	S47
監査役	梅澤節男	社外	—
	野崎幸雄	社外	—
	長谷川俊明	社外	—
常務執行役員	塚本隆史	一勧	S49
執行役員	杉田義明	富士	S45
BK頭取	工藤 正	一勧	S42
CB頭取	齋藤 宏	興銀	S41
TB社長	衛藤博啓	富士	S39
SC社長	大澤佳雄	興銀	S39

みずほホールディングスの共同CEOとなっていた旧3行のトップら首脳陣が、業績低迷などを理由に辞任。前田氏をトップに据える形で、みずほグループが実質始動した

(注)入行年次のSは昭和、Hは平成。役職のBKはみずほ銀行、CBは旧みずほコーポレート銀行、TBはみずほ信託銀行、SCはみずほ証券。興銀＝旧日本興業銀行、富士＝旧富士銀行、一勧＝旧第一勧業銀行、日興＝旧日興証券、安信＝旧安田信託銀行

バランス人事の廃止によって「興銀支配」が強まった形だが、違う見方を示す人もいる。佐藤氏は「旧行意識を払拭するため、興銀出身者以外でも実力のある人物を登用しようとしていた」(佐藤氏に近いある経営者)というのだ。

後継者として佐藤氏の頭にあったのは、当時FG副社長を務めていた富士出身の岡部俊胤(としつぐ)氏。国内のリテール部門を担い、警察庁など中央官庁の役人と気脈を通じていることが買われ、次期銀行頭取の最有力とみられていた。

ところが、そんなタイミングで暴力団融資問題が発生。金融庁から一部業務停止命令を受ける事態にまで発展する中で、急きょ法令順守担当役員を任された岡部氏は、事実関係を十分に把握しないまま記者会見に出席。記者からの厳しい追及を受けて責任を取らざるをえなくなってしまい、佐藤氏の思いはかなわなかった。

皮肉なもので、この一件が逆に興銀支配を強める方向へと向かってしまう。というのも、金融庁などから社外取締役を中心とした委員会設置会社への移行を迫られ、グループの首脳人事を決める指名委員会において、メンバーすべてを社外取締役とするという異例の措置にまで踏み込まざるをえなかったからだ。

経営に対する自らのグリップが利かなくなることに不安を感じたのか、佐藤氏は社外取締役との調整役となる「取締役会室」の初代室長に、これまた興銀出身の石井哲氏を充てている。その石井氏は、佐藤氏に引き上げられる形でシステムを統括するグループＣＩＯ（最高情報責任者）まで昇格し、一時はＦＧの次期社長候補との観測も出るほどの実力者となって興銀支配を強めていった。

忖度が生む目詰まり

さらにこの人事が、新たな病巣を生んでしまう。「石井さんはＣＩＯなのに報告を上げると高圧的に『詳しくわからないからうまくやってくれ』と言うばかり。一方でコストカットだけには熱心だった。部下が萎縮しさらにあれだけシステム部隊を縮小すれば、障害が頻発するのも無理はない」とみずほの中堅幹部はこき下ろす。

厳しい言動が相互不信を生み、経営陣と現場の距離がさらに遠くなってしまうという負のスパイラルに陥ったことで、いつしか部下たちが忖度する文化が生まれ、情報の伝達に目詰まりを起こす悪弊が根付いてしまった。

そうした悪弊は、みずほのガバナンスに機能不全を起こしかねない。みずほは2016年、米金融大手JPモルガン・チェースの統治体制を参考にして、5つのカンパニー制を導入している。

行員は、グループを横断管理するカンパニー長と、銀行、信託、証券のトップに報告を上げ、その報告などを基にカンパニー長と銀行などのトップが密に連携することで円滑に機能する仕組みだ。それだけに意思疎通の悪さがあると、致命傷になりかねない。

にもかかわらず、忖度文化に伴う悪弊は、興銀出身の坂井辰史氏がFG社長に就任してから加速していった。道筋を示して後は現場に任せるスタイルの佐藤氏と違い、坂井氏は自身ですべて把握したがり、部下に任せられないタイプ。「周囲が忖度するしかなく、坂井さんにはネガティブな情報が上がりにくくなっている」と複数の幹部行員は明かす。

誕生から20年余りにわたって組織をむしばみ続けてきたこうした病巣を摘出し、生まれ変わることができなければ、みずほの真の再生はないといえる。

（中村正毅）

ベールに包まれた坂井FG社長の素顔

「まったくの想定外」「もう少し証券社長をやりたいという思いがあった」。3年前、みずほフィナンシャルグループの次期トップを発表する記者会見で、打診を受けたときの心境をそう話した坂井辰史社長。

前社長の佐藤康博氏と同じく旧日本興業銀行の出身で、グループ企画部長などを歴任、行内ではピカピカのエリート街道を歩んできた。

一方で、2016年にみずほ証券社長に就いたことで、FG社長への道は断たれたとみられていただけに、本人とともに業界にも驚きが広がった。

ある大手企業の役員は、坂井氏について「人となりがなかなか見えてこなかった」と話すが、それもそのはず。坂井氏は佐藤氏とは対照的に、休日のゴルフで経営者らと交流を深めることには興味がなく、プライベートの過ごし方など自らのことをあまり語ろうとしない人物だからだ。

そのスタンスが如実に表れたのは20年夏。大手メディアが、3メガバンクのトップらの推薦図書を紹介しようとしたときだ。ほかのトップたちが快諾する中で、坂井氏だけは難色を示していたという。

メディアの担当者が必死に頭を下げる中で、渋々ながらも出してきたのは『親鸞への接近』(四方田犬彦著、工作舎)。浄土真宗の宗祖の思想に迫った難解な書籍だ。坂井氏をよく知る上場企業の役員は「内省的な彼らしい本だね」と話すが、素顔を知るにはあまりにつかみどころがなかった。

これでは部下たちも忖度するためのポイントをつかむのに苦労しそうだ。

みずほを悩ます人材難

「ゼネラリストは社会に出たときに価値がない。全員がスペシャリストでなければいけない」

今後の銀行員のあるべき姿について、みずほフィナンシャルグループの坂井辰史社長はこう語ってきた。

これまで銀行員の出世は、支店や本部で経験を積み、支店長を目指すのが「王道」だった。ところが、外部環境が変わったことで、その道も変わろうとしている。低金利が続く中で、今までのように融資だけで稼ぐことができなくなり、資産運用やM&Aといった、より高度で専門的な業務で稼げなければ生き残れないからだ。

とはいえ、現在の銀行員にそうした業務のスペシャリストは多くない。ローテーション人事で複数の部署を渡り歩き、年功序列で昇進していく従来の制度では、ゼネラリストしか育てられないからだ。

そこでみずほＦＧは人事制度改革を進めている。年功序列を改め、より専門性の高い人材を育成する体制への一歩を踏み出したのだ。

給与で上司を抜くことも

次図は、みずほ銀行における、昇進と給与の概略をまとめたものだ。

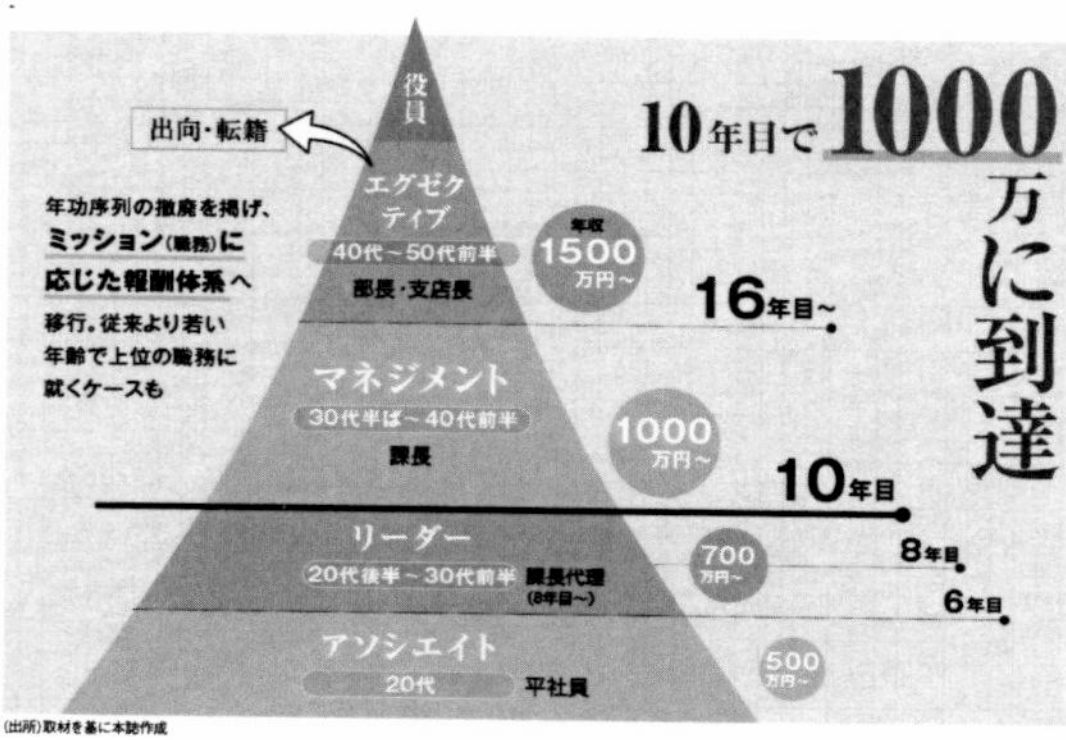
10年目で1000万に到達
役員
出向・転籍
エグゼクティブ
40代～50代前半
部長・支店長
年収
1500
万円～
16年目～
年功序列の撤廃を掲げ、ミッション(職務)に応じた報酬体系へ移行。従来より若い年齢で上位の職務に就くケースも
マネジメント
30代半ば～40代前半
課長
1000
万円～
10年目
リーダー
20代後半～30代前半
課長代理
(8年目～)
700
万円～
8年目
6年目
アソシエイト
20代
平社員
500
万円～

(出所)取材を基に本誌作成

まず入社して6年間はアソシエイトとして、支店で融資などの業務に当たる。8年目から肩書がつき始め、10年が経過した頃にマネジメントの職階に上がったところで課長に昇進する。この時点で年収は1000万円の大台に到達するイメージだ。

そこから6~7年を経て、エグゼクティブ職階に上がれば、晴れて部長や支店長の職に就くことができる。その後、50代になると、役員に上がるか、ほかの企業に出向するかの分かれ道となる。役職や昇進も年次によるところが大きく、ほぼ年功序列の組織だったといえる。

現在でも、こうした階層は残っているものの、運用面で変化もある。支店長・部長クラスにおいて、年次による昇給が廃止され、賞与に大きなウェートを置いた給与体系に変更されたのだ。

賞与は、一人ひとりが担う仕事（ミッション）に応じて支払われる。より重要な仕事をこなすことで、「給与の面では、上司を抜くことも可能になった」（みずほ幹部）というわけだ。

さらに足元では、より専門性を意識した評価・報酬体系への移行を進めている。「それぞれの仕事で身に付く専門性を分析し、どの程度身に付き、発揮されたかを評価に反映していく」（同）のだ。

銀行の専門性というと、融資の審査や市場運用、M&Aといった知識を必要とする業務をイメージしがちだが、みずほはさらに一歩踏み込む。「事務部隊でも専門性はある。事務に関する知識や、入力のうまさなども専門性となりうる」（同）からだ。おのおのが就いている業務に応じたスキルを磨くことも、評価の対象になるわけだ。

逆に従来の王道ルートは大きな転換点を迎えている。

営業店の改革によって、法人・個人すべてを担当する総合店はなくなり、「一国一城の主」ともいわれてきた支店長のポジションをはじめとするポストが大幅に減少しているからだ。

そのため、支店長ではなく、本部を含めたあらゆる部署で、支店長並みの待遇を受けることができる役職が設けられたのだ。

こうした改革によって、新たな道が開けた人たちもいる。リテール業務を担当する行員は「これまでは法人担当の経験がないと支店長にはなれなかった。新制度では、リテール分野のままで高待遇を目指すこともできる」と言う。

問題は実効性だろう。年次が上の社員は、「新制度はいわば実力主義。この年齢でいきなりスキルを磨けと言われても、難しい」（40代の行員）と戸惑う。若手も「専門性と口で言うのは簡単だが、それぞれの仕事で求められるものが違う以上、公正な基準にはならない」（20代の行員）と不安を口にする。中には「評価するのが支店長である限り、結局は支店の目標をどれだけこなしたかで評価されるのではないか」（別の20代行員）という冷ややかな声もある。

「部下より待遇が低くなるベテランの中には、この改革をよく思わない人がいるのも事実」（30代行員）。そうした人たちの意識をいかに変え、やる気にさせるかが改革の成否を分けそうだ。

みずほの改革はこうした評価制度にとどまらない。「週休3日、4日制」の導入や、「兼業・副業」の解禁など、働き方の選択肢も増やしている。人事制度はほかのメガバンクも見直しに動いているが、働き方にまで踏み込んでいるのはみずほだけだ。

ところが、これだけの改革をもってしても、就活生からの人気は上がってこない。現場からは「毎年、入ってくる新人のレベルが下がってきている。採りたい人が採れていないのではないか」(前出の30代行員)との声が聞こえてくる。

近年、銀行の人気は芳しくない。将来の収益を心配するのはもちろんのこと、「コンサルティング会社や投資銀行に行けば、若いうちから稼げる」(新卒1年目の男性)と待遇面を意識した声もある。

コンサルが20代でも年収1000万円に到達できるのに対し、銀行の場合は30代まで給料の伸びが小さい。実際、みずほに入社した行員も「4年目で昇給するまでは手取りが少なく、ギリギリの生活だった」と口をそろえる。終身雇用の意識が薄く、転職もいとわない世代には、銀行の報酬体系は魅力的に映らないのだろう。

みずほにとっては、システム障害の影響も無視できない。みずほのOBは「過去のシステム障害や暴力団融資事件の後は採用がかなり難しくなった。ほかのメガバンクに入れなかった人しか採れず、質の低下が顕著だった」と振り返る。優秀な人材が採用できなければ、他メガとの差は開くばかりだ。

そればかりか、みずほを去っていく行員たちも増加している。「21年2月の障害から半年で、辞める人が格段に増えた。自分が知っているだけでも片手では収まらない」(若手行員)という。人材の確保はみずほにとって頭の痛い問題といえそうだ。

(藤原宏成)

「改革マニュアル」独自入手！

中小企業を捨てる改革の全貌

「久しぶりにみずほの支店に行ったら、法人の取引はできないと門前払いされた」

都内で中小企業を営む社長はそう語り、憤りを隠さない。この社長が通っていたみずほ銀行の支店が突如、個人に特化した店舗に変わってしまったからだ。

社長は「別の支店を案内されたが、3駅も先。しかも予約が必要と言われ、その日は受け付けてもらえなかった」と嘆き、「これからは、みずほに合わせてスケジュールを組まなければならなくなった。急に入出金しなければならないときはどうすればいいんだ」と戸惑う。

この社長のように、支店で対応してもらえればまだいいほう。より小さな企業に対しては、「今後、支店での対応ではなく、すべてリモートで対応するという手紙が届いた」（40代男性）というのだ。この男性は「みずほは、われわれのような小さくて儲からない客は要らないということだろう」と、取引銀行の変更を検討しているという。

このように、最近、みずほ銀行の営業体制に対する批判が相次いでいる。原因は、みずほフィナンシャルグループ自ら「数十年に一度」と評する大規模な営業店改革だ。

改革の詳細は後述するが、みずほは2021年5月から、新しい営業店体制を導入した。一言で言えば、法人・個人双方の取引すべてができる「フルバンキング型」の店舗から、顧客属性に合わせた店舗の体制に移行したのだ。

だが、あまりにも性急だった。当初、移行は4月に予定されていたが、相次ぐシステム障害によって延期。「障害の解決には時間を要するため、改革は早くても22年というのが支店の共通認識だった」（営業担当の20代行員）。

ところがふたを開けてみれば、延期の期間はわずか1カ月で5月から移行しろとの命が下る。

「それでなくてもシステム障害に関して不安に思う顧客が多く、お詫びに走り回っていたのに、そんなタイミングで営業店の移行も実行するなんて。大慌てで顧客の元に出向いて説明に回っているが、上は何を考えているのか」(同)と行員たちも困惑している。

混乱のシワ寄せは、当然顧客に向かう。結果、いきなりの店舗移行に顧客の不満が爆発しているというわけだ。

異例のセグメント化

手元にみずほがまとめた「新営業店体制業務運営マニュアル」と題した文書がある。これは東洋経済が独自に入手したもので、改革の概要や具体的な現場対応などをまとめた行員用のマニュアルだ。

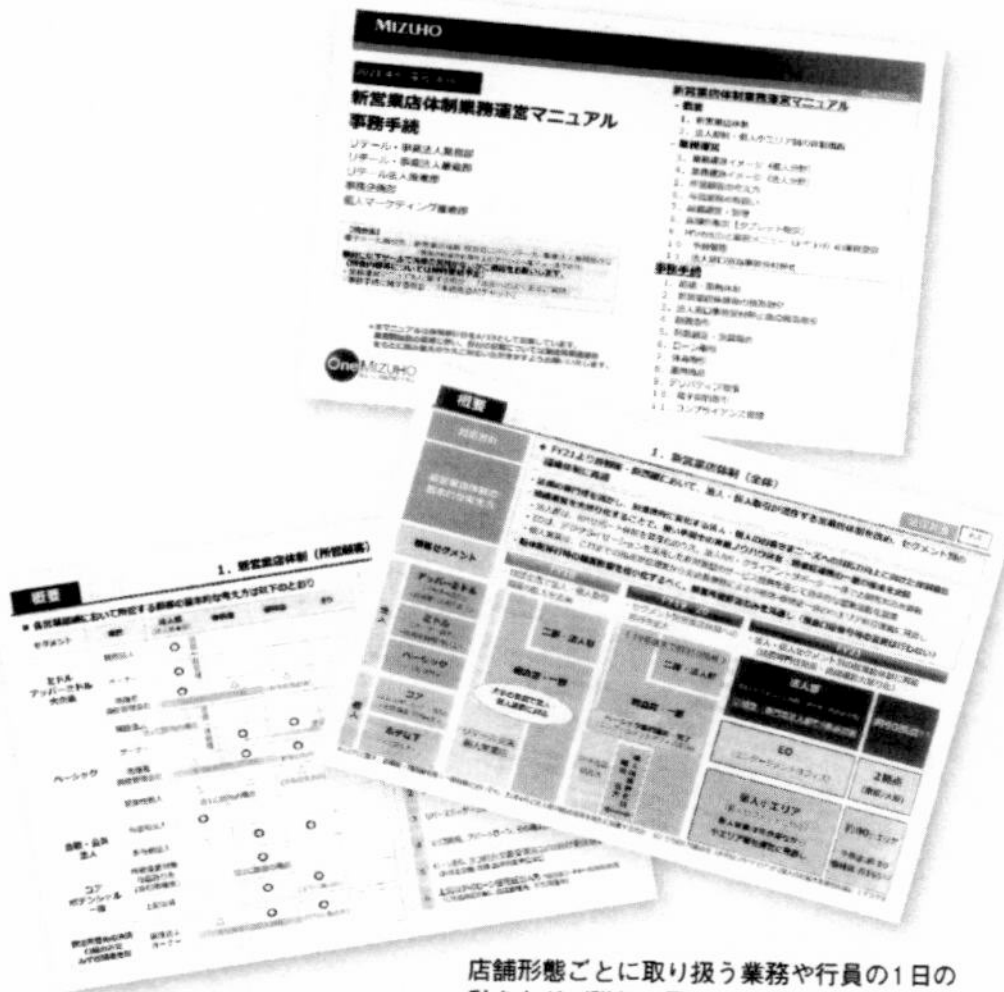

店舗形態ごとに取り扱う業務や行員の1日の
動きなどが詳細に示されている

これを見れば、現在みずほが進めている改革の全貌がわかる。そこで、ここからはマニュアルを通して、改革の詳細を見ていくことにする。

キーワードは、「顧客のセグメント化」と「専門性の向上」だ。

総資産10億円未満の法人には担当者をつけず
—みずほが進める営業店改革のポイント—

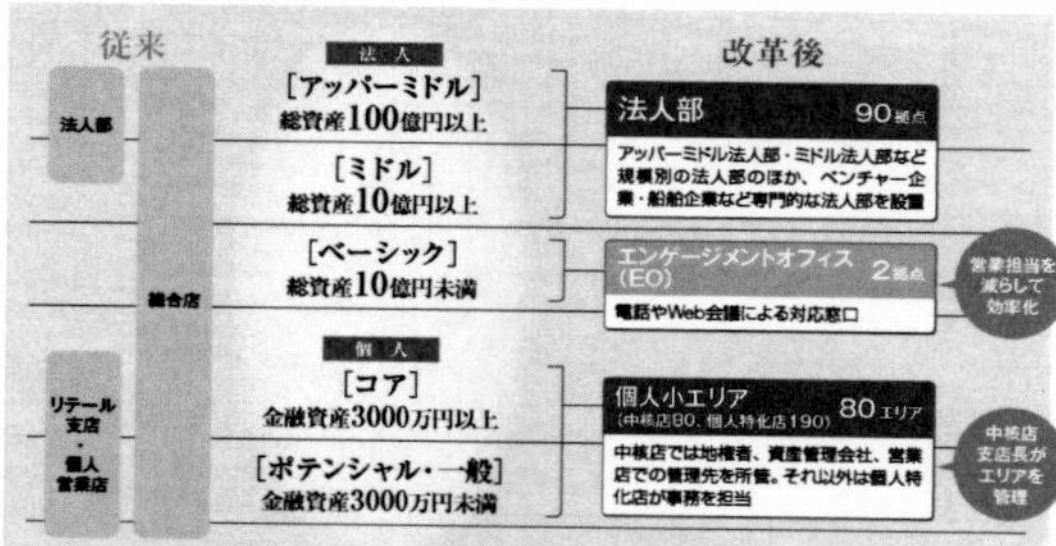

(出所)みずほフィナンシャルグループの「新営業店体制業務運営マニュアル」を基に本誌作成

これまでは、「総合店」がいわゆるフルバンクとしてすべての顧客に対応していた。一部、大企業に関しては本部の法人部が対応、個人に関してはリテール支店と個人営業店もあったが、総合店が大半を占めていた。

それを、法人に関しては総資産100億円以上を「アッパーミドル」、同10億円以上100億円未満を「ミドル」、そして同10億円未満を「ベーシック」と、3つにセグメント化。個人に関しても金融資産3000万円以上を「コア」、それ未満を「ポテンシャル・一般」と分けている。そのうえで、経営資源の配分に傾斜をつけるとともに、各顧客への対応に差をつけるというものだ。

狙いは専門性の向上だ。銀行に求めるニーズは顧客によって違う。大企業の場合は大規模な設備投資やM&Aなど複雑な金融取引を求めているのに対し、中小企業は決済や融資が中心。個人も同じく、金融資産を多く持つ顧客層は資産運用などに対するニーズが高いのに対し、金融資産が少ない人は決済が中心だ。

そのため、それぞれの顧客ニーズに応じた専門的な店舗を設置。そこに置く人材もその店舗で取り扱う取引の経験が豊富な専門人材にすることで、サービスの質を上げていこうというわけだ。

このように説明されると、顧客に寄り添ったすばらしい戦略に映る。だが、みずほの説明どおりに受け取る金融関係者はいない。その理由は、ランク分けされた顧客のうち「ベーシック」顧客への対応を見ればわかる。

今回みずほは、支店とは別に「エンゲージメントオフィス（ＥＯ）」という部署を東京・神田と大阪の2カ所に設置。個別の営業担当者制は廃止して、融資から経営相談に至るすべての対応を電話やテレビ電話といったリモートで行うというのだ。

しかも、「規模が小さな企業の場合、決済や融資くらいでそんなに複雑な業務はない」（みずほ中堅幹部）との理由で、これまで支店で事務作業を担当していた一般職を配置するという。

みずほは、デジタル化で事務の業務が減っている一般職を総合職に統合し、顧客対応に当たらせる「フロントシフト」を進めている。小規模な企業は、そのとばっちりを受けることになったのだ。

それに対して総資産１０億円以上の中堅・大企業は、全国９０拠点の支店に併設される「法人部」で、これまでどおりの対応を受けられることから、「中小企業切りなのではないか」（ほかのメガバンク幹部）とみられているわけだ。

社会的インフラとしての側面が強い銀行は、これまですべての顧客へ同等のサービス提供を求められてきた。しかし「受け取ることができる利息や手数料は、顧客によって大きく違う。一言で言えば中小企業や金融資産が少ない個人は儲からない。そこに店舗や人員を割くのは効率的ではない。つまり今回の改革は、顧客ニーズに応じたという美辞麗句を掲げながら、実態は銀行都合の効率化を図ったものだ」とみずほＯＢは指摘する。

とはいえ、同じ支店にいれば行員同士の連携も簡単だが、「遠くにいる法人部やＥＯと連携するのはハードルが高くなってしまう」とみずほの営業担当者は危機感を抱く。その結果、「みずほがこれまで得意としてきた、銀行・信託・証券が連携した「Ｏｎｅみずほ」の営業力が弱まってしまうかもしれない」（同）と懸念する行員も少なくない。

ただし、こうした事情はほかのメガバンクも同じ。「これまでタブーとされてきた顧客のセグメント化はわれわれもトライしてみたいと考えており、みずほの取り組みは画期的だと評価できる。ただ、中小企業すべてをリモートで済ませるというやり方はいかがなものか」とほかのメガバンク幹部は首をひねる。

というのも、「小さい企業ほど担当が目を光らせなければ、貸し倒れのリスクが出てくる」（メガバンク幹部）からだ。またそうした企業ほど、担当者が細かく対応しなければ、「金利も下げられないし、顧客に選んでもらえるような融資はできなくなってしまう」（同）。

さらには「将来大きな取引先となる企業、つまり〝原石〟は小さな企業の中にある。そうした企業を切り捨てたら銀行の将来はない」（別のメガバンク幹部）といった意見も少なくない。

こうしたみずほの店舗改革を〝好機〟と捉えて動き始めている銀行がある。りそな銀行だ。「みずほが切り捨てる１０億円未満の企業は、うちにとっては主要顧客。今、みずほがメインの企業に対してガンガン営業をかけている」とりそな幹部は明かす。

利便性を損なう改革

一方、個人向けの店舗では、「エリア体制」が導入される。エリアごとに、アパートローンや住宅ローンなどを所管する中核店を置き、その周囲に個人特化型の店舗を配置する。個人特化店は「みずほライフデザインプラザ」という名前で営業し、振り込みなどの事務や資産運用相談のための店舗というイメージだ。

こうした店舗改革と並行して、支店の数も減らす方針だ。2024年度までに、16年度末対比で130もの拠点を削減する計画で、20年度末時点で81の拠点が削減された。

だが、ここでもみずほは拙速だった。いまだに支店に行かなければできない手続きや取引があるにもかかわらず、移行や削減を進めてしまったからだ。

「利便性を考えれば、店舗に行かなくてもスマホをはじめとするデジタルで対応できるインフラが整ってから始めるのが大前提」（地方銀行幹部）というのが銀行界の常識にもかかわらずだ。

こうした一連の改革以前にも、みずほの営業姿勢には批判が集まっていた。新型コロナウイルスが流行し始めた頃、「密を避ける」という理由で、来店しないよう促していたからだ。

そうした対応に顧客が疑問を持っていたところに、店舗改革が拍車をかけ不満は高まった。おまけにシステム障害も終結が見えず、みずほの信頼は地に落ちている。みずほのリテール担当者は「将来の〝飯の種〟である新規口座開設数が極端に落ちている」と明かす。

拙速な対応の繰り返しで、みずほの顧客基盤は日に日に弱まっている。

（藤原宏成）

課題まみれの営業姿勢

「金融商品の販売でも顧客本位とはいえない営業があった」

みずほ銀行の営業担当者は、声を潜めながらこう語る。

金融商品の販売をめぐっては、2017年に金融庁が「顧客本位の業務運営に関する原則」を公表した。これを受けて、各行はいわゆる回転売買を助長する販売手数料のノルマを廃止。代わりに、顧客の資産残高の増加幅を目標に置くなどの対応を進めてきた。

これにより各社の金融商品販売は停滞気味で、預かり資産残高も伸び悩んでいる。ところが、みずほの20年度決算だけは様子が違った。残高も収益も大幅に伸びていたのだ。

これは、「行員の評価項目から一度なくなったはずの販売手数料が、２０年度に復活した」（前出の営業担当者）からだという。

評価につながることから、「売りやすい商品はガンガン営業をかけた」「似たような商品を持っている人に、乗り換えを勧めた」（同）というのだ。

こうした戦略を率いたのは、みずほ証券の副社長で、持ち株会社のリテール・事業法人共同カンパニー長でもある福家尚文氏といわれている。

福家氏は旧日興証券出身で、１６年にみずほ証券に入社。２０年4月にカンパニー長に就任した人物だ。

複数の関係者によれば、福家氏は「顧客本位とはいえない従来の営業スタイルを得意としてきた」ことから、「今回の戦略も福家氏の影響だろう」（金融関係者）との声がもっぱらだ。

ただ、こうした営業スタイルについては、「金融庁も問題視している」（同）という。「今はマーケットが好調のため、顧客には利益が出ている。だが、損が出てくれば話は別だろう」（同）との見方は強く、金融庁の動向に注目が集まっている。

顧客軽視は融資でも

融資の現場からも、同様に危惧する声が聞こえてくる。ある法人営業担当者は「経営陣の意向で方針がころころ変わる。そのシワ寄せを受けるのは、現場と顧客だ」と嘆く。

というのも、「評価項目が『残高』から『金利水準』に変わった」（法人営業担当者）からだ。結果、「昨日まで借りてくださいとお願いしていた顧客に対し、突然、金利を上げさせてほしいと頭を下げて回っている」（同）というのだ。

顧客側は「頼まれて借りてあげたにもかかわらず、金利を上げるなんてありえない」（中小企業経営者）とあきれ顔だ。この営業担当者は「顧客のためを思えば、もう少し説明や検討の時間が必要」と語る。

銀行員はどこまでも評価に忠実だ。顧客本位の営業には、まずそれにマッチした評価体系が必要だろう。

（藤原宏成）

「りそな」がひたひたと迫る

みずほ「メガから転落」の現実味

直近の決算こそ悪くないみずほフィナンシャルグループだが、ほかのメガバンクと比較すると、順風満帆とはいえない現実が浮かび上がる。

銀行業務の柱である貸出金と預金から見よう。三菱UFJフィナンシャル・グループがトップを走り、みずほは三井住友FGと抜きつ抜かれつの展開だったが、足元では競り負けている。

目を引くのが預金残高の減少だ。みずほの中堅行員は「コロナ対応の後ろ向きな姿勢やシステム障害で信頼を失い、新規口座の開設が減少し、支店では預金流出も始まっている」と内実を明かす。

投資信託や保険の販売、法人向けコンサルティングなどから得られる役務利益はどうか。この10年ほど3メガの序列に変化はない。みずほは2020年度、北米における社債発行手数料の拡大や投信販売の急増から、2グループとの差を幾分か縮めた。だが21年度は反動減のリスクがあり、メガ最下位からの脱出は難しそうだ。

次に投資銀行部門の実力を測るリーグテーブル。M&Aのフィナンシャルアドバイザリー実績（案件数）の順位だ。金融情報会社リフィニティブによると、みずほは17年までトップだったが、18年からは三井住友に首位の座を明け渡している。

有価証券の評価損益も見劣りする。三菱UFJと三井住友は株式、債券、その他いずれの運用でも利益を確保しているが、みずほは債券などがマイナスだ。

リテールの顧客基盤は分厚いとされてきたみずほだが、そこへ肉薄するのが、りそなホールディングスだ。「リテールではメガバンクに負けません」とりそなの行員は胸を張る。事実、リテール分野の代表格である住宅ローン残高で、りそなは近年、快進撃を見せている。

10年度は4行中3位だったが、不動産業者との密な関係を武器に残高を増やし16年度には2位に浮上、18年度にはトップに躍り出た。

顧客からの信頼度を示すメインバンク社数を見てもりそなの台頭が目立つ。帝国データバンクの中小企業を含んだメインバンク数調査によると、りそなは18年、関西アーバン銀行とみなと銀行を連結子会社化したこともあって約6万8000社となり、連結ベースでみずほを超えた。

こうした状況が続けば、将来、りそなとみずほの地位が逆転し、「メガバンク3行＋みずほ」と呼ばれる日が来るかもしれない。

（野中大樹）

大口融資先にくすぶる火種

中小には厳しいが大手には甘い――。企業向け融資をめぐって、メガバンクをはじめとする銀行は、つねにそうした批判にさらされがちだ。

程度の差こそあれ、融資のスタンスに銀行間で大きな違いはないように思えるが、みずほ銀行に関しては「社長がいわゆる有名経営者だと、そのネームバリューを基に貸し込んでいるんじゃないか、というくらい大手には審査も金利も甘々な印象」(ファンド関係者)という声が、業界内ではよく聞かれる。

メガバンクともなれば、定量・定性両面で高度な信用リスク分析と与信管理をしているはずだが、それでもなお、みずほに対してそうした声が上がるのは、多くの人の頭に一部の大手企業との密接な取引関係が浮かんでいるからだろう。

その代表格が、孫正義氏率いるソフトバンクグループ(SBG)だ。SBGの有利子負債とみずほの融資残高は、ほかの大手上場企業を圧倒する規模だ。

際立つソフトバンクグループへの貸し込み
―みずほ銀行の主な「大口融資先」―

順位	社名	有利子負債（億円）	みずほ銀行からの借入額（億円）
1	ソフトバンクグループ	202,474	8,500
2	日産自動車	72,393	―
3	ソフトバンク	62,279	―
4	関西電力	47,153	4,877
5	東京センチュリー	42,864	4,601
6	東日本旅客鉄道	41,953	2,466
7	伊藤忠商事	30,242	2,351
8	イオン	29,087	495
9	楽天グループ	26,624	2,656
10	日立製作所	25,320	300
11	丸紅	25,044	1,296
12	クレディセゾン	24,512	1,779
13	ENEOSホールディングス	23,617	3,096
14	芙蓉総合リース	23,536	3,605
15	みずほリース	21,393	1,940
16	ジェイ エフ イー ホールディングス	18,244	2,589
17	J-POWER	17,160	1,018
18	SBIホールディングス	15,177	1,364
19	オリエントコーポレーション	15,072	2,297
20	Zホールディングス	14,632	1,068
21	ヒューリック	14,560	2,927
22	北海道電力	14,158	1,567
23	イオンフィナンシャルサービス	10,900	―
24	東京ガス	10,459	318
25	東京建物	9,835	1,202
26	神戸製鋼所	9,811	1,275
27	昭和電工	9,617	3,939
28	西武ホールディングス	9,204	1,667
29	日本酸素ホールディングス	9,112	2,866
30	日本製紙	7,983	1,048

（注）金額は2020年度末時点。有利子負債順。「―」は不明
（出所）各社決算資料などを基に本誌作成

グループ傘下の通信キャリア、ソフトバンク（みずほを含む全体の銀行借入残高は1兆7725億円）の詳細は非公表だが、両社を合算したみずほの融資残高は、1兆円を優に超えるとみられている。

「うちにとっての最大のリスクはＳＢＧ」「あの会社は審査も何も、完全に孫さんありき」「今後孫さんが勇退したら、不良債権の山を抱えることになるのではないか」などと、みずほの幹部たちが取引の現状について漏らすことは、１０年以上も前から続いており、今さら驚くようなことではない。

だが、長期間にわたって内部から危惧する声が上がっているにもかかわらず、これまでに正面を切って取引の見直しを求めるような意見が行内から出てきたという話は「聞いたことがない」（みずほＯＢ）という。

いったいなぜなのか。その最たる理由は、孫氏とみずほフィナンシャルグループで現在会長を務める佐藤康博氏とが、昵懇（じっこん）の間柄であることだろう。

休日のゴルフだけでなく、孫氏が若手の人材育成に向け設立した育英財団の理事を佐藤氏が務めるなど、２人の親密さは、みずほの行員でなくともよく知られた話だ。

金融庁のある幹部は、経営トップ同士の深い親交に基づく「一蓮托生な関係は、以前からみずほの懸念材料としてみている」と話すが、過去には懸念を通り越して、黙って見ていられなかった出来事があった。

個人投資家を狙い撃ち

それは今から5年前、ＳＢＧが巨額の社債を発行したときだ。

その社債は、劣後特約付きの公募ハイブリッド債、いわゆる劣後債だった。劣後債とは、普通社債などと比較して経営破綻時に弁済順位が劣る債券のこと。投資家にとってはハイリスク・ハイリターンの商品だ。

期間が実に２５年以上と超長期にわたることで当時話題になったものの、保険会社など機関投資家の反応は想像以上に低調だった。なぜなら「ＳＢＧは、トップの一声で財務の方針が１８０度変わってしまう会社。投資リスクとして、とてもではないが取り切れない」（大手保険会社）と考えていたからだ。

そうした反応の悪さもあり、機関投資家向けは発行を2回に分け、発行総額は合計で710億円にとどまったのに対し、個人向けの発行総額は何と4000億円にも上ったのだ。

折しもその年、日銀がマイナス金利を導入し、社債をはじめ債券の金利は一段と低下していた。そのため、年3％という利率のSBGの劣後債に、個人が飛びついたわけだ。

SBGが自らの資金調達のために、機関投資家が取り切れないようなリスクを、個人に押し付けようとしているのではないか――。そうした懸念を強めた金融庁は、劣後債の引受会社となりSBGを側面支援したみずほ証券を呼び出している。

当時、みずほ証券の社長は、現在みずほFGの社長を務める、坂井辰史氏。金融庁は、個人に過大な投資リスクを負わせることについて、引き受けを担う証券会社としてどう考えているのか、佐藤氏をはじめとするFG経営陣の言いなりになっているのではないかと問いただした。だが、みずほの関係者によると坂井氏は反論せず、頭を下げるばかりだったという。

昭和電工案件で荒稼ぎ

みずほと切っても切れない関係にある大口融資先として、業界内で危惧する声が出ているのは、何もSBGだけではない。

「あんな稼ぎ方をしたら、もう一蓮托生ですね」。メガバンクのある幹部がそう語るのは、昭和電工をめぐる取引だ。

昭和電工は2020年に、日立グループ「御三家」の一角ともいわれた日立化成を買収。当時の日立化成の時価総額は昭和電工の2倍近くもあり、「小が大をのみ込む」M&Aとして話題を呼んだ。

まさに社運を懸けた大勝負だったわけだが、この買収によって昭和電工の財務は悪化。早くも旧日立化成の事業の切り売りを迫られている。

一連の取引を全面的に支えたのがみずほだ。買収時には、昭和電工本体に2950億円を融資したうえで、買収のための特別目的会社にも4000億円を融資。優先株による出資もしており、買収総額9640億円の大半を工面している。

昭和電工側のＦＡ（フィナンシャルアドバイザー）には、当然ながらみずほ証券が就いており、「Ｏｎｅみずほ」としてまさにグループ一体で収益を得てきたわけだ。

みずほの関与は、こんな程度では終わらなかった。

ラップフィルム事業とアルミ事業の売却手続きではみずほ証券がＦＡに就いたほか、プリント配線板事業はみずほ系ファンドのポラリス・キャピタル・グループに売却。さらに鉛蓄電池事業についてもアドバンテッジパートナーズ（ＡＰ）と東京センチュリーに売却している。

丸抱えで手数料を荒稼ぎ
—昭和電工の事業売却の概要—

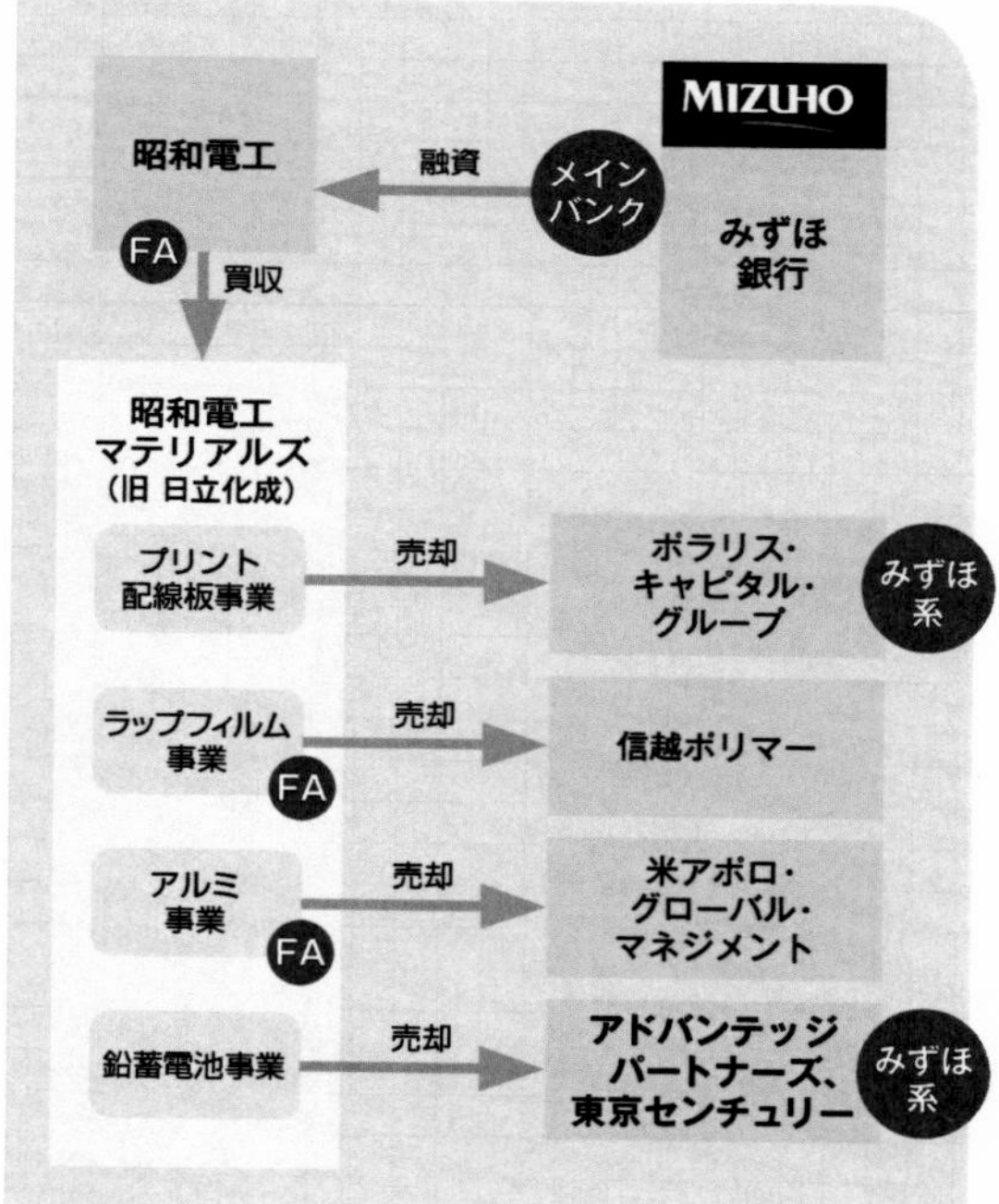

つまり、譲渡が確定したすべての案件にみずほが絡んでおり、融資の金利やＦＡの手数料を得ていたのみならず、事業そのものも昭和電工に売らせるような格好になっているわけだ。

中でも、鉛蓄電池事業の売却をめぐっては、関係者が「ほぼ出来レースだった」と声を潜める。なぜなら、入札にはカナダのブルックフィールド・アセット・マネジメントや米アポロ・グローバル・マネジメントも参加しており、肝心の提示額がＡＰ・東京センチュリー連合を上回っているとみられていたからだ。

ところが、「結果が出る前から、なぜかＡＰ・東京センチュリー連合に売却されるという観測が広まっていた」（投資ファンド関係者）という。

もちろん、事業売却においてシナジーなどを重視した結果、提示額の低い会社に売却されるケースはある。だが、鉛蓄電池事業とシナジーがあるとすれば、「東京センチュリーのカーリース事業ぐらいしか思い浮かばない。ただそれも（売却の決定打になるような）シナジーはないはずだ。最初からみずほ系に売るつもりだったのだろう」と関係者は疑いの目を向ける。

こうしたみずほと昭和電工の一連の取引について、メガバンクの幹部は「財務的に苦しい会社に対して、グループ全体であそこまで搾り取るような取引は、うちではやらない」とあきれ顔だ。

次の表は、みずほをメインバンクとし、2期連続で最終赤字を計上している上場企業を時価総額順で抽出したものだ。眺めれば、みずほの大口融資先で業績や財務が悪化している企業の概況をつかめるはずだ。

そうそうたる企業が並ぶ
―2期連続で最終赤字を計上した「大口融資先」―

順位	社名	最終赤字額（百万円）		時価総額（億円）
		2020年度	19年度	
1	日産自動車	▲448,697	▲671,216	23,538
2	楽天グループ	▲114,199	▲31,888	18,247
3	電通グループ	▲159,596	▲80,893	12,199
4	ジェイ エフ イー ホールディングス	▲21,868	▲197,744	10,070
5	シチズン時計	▲25,173	▲16,667	1,600
6	コロワイド	▲9,728	▲6,447	1,520
7	プレイド	▲1,207	▲840	1,085
8	アンジェス	▲4,209	▲3,750	1,027
9	ユーザベース	▲6,472	▲1,620	884
10	理研ビタミン	▲1,618	▲8,933	744
11	Jトラスト	▲5,342	▲3,249	606
12	サンバイオ	▲3,385	▲5,157	602
13	小森コーポレーション	▲2,068	▲25,473	497
14	ダブル・スコープ	▲11,174	▲3,517	441
15	ユニプレス	▲17,642	▲3,977	431
16	ミニストップ	▲6,458	▲5,702	426
17	イオンファンタジー	▲9,277	▲325	424
18	新電元工業	▲5,561	▲4,156	398
19	フリークアウト・ホールディングス	▲669	▲3,512	335
20	QDレーザ	▲879	▲1,240	328

（注）時価総額は10月4日時点の終値ベース。▲はマイナス。順位は時価総額順
（出所）各社の決算資料などを基に本誌作成

注目は、ランキングで2位につけた楽天グループ。モバイル事業への投資拡大で、20年度は1000億円を超える最終赤字を計上している。楽天といえば、トップの三木谷浩史氏と、同じ旧興銀出身で旧みずほコーポレート銀行元頭取の齋藤宏氏との近しい関係も有名な話だ。そうした過去からの関係性が、融資リスクに目をつぶるような状況につながっていないことを願うばかりだ。

（中村正毅、藤原宏成）

幻に消えた横浜IR1兆円計画

みずほ銀行が2020年7月7日付でまとめたペーパーがある。表紙の右上には赤字で「strictly confidential（極秘）」の文字が。「統合型リゾート（IR）検討のためのDiscussion Material」と題されたこのペーパーは、横浜市が計画していたカジノを含む統合型リゾート（IR）計画について、みずほ銀行が作成したものだ。

58ページにもわたるこのペーパーは、IR事業の概要を説明した後、資金調達・回収のイメージ、施設別の収支予測、そして出資した場合の想定リターンに至るまで事細かに示している。

実はこれ、みずほ銀行が企業や金融機関に対して出資や融資を募るために用意したもの。IRはビッグプロジェクト。そのため、いわゆる奉加帳方式で、出資を呼びかけていたのだ。

親密企業に奉加帳

ペーパーによれば、開業5年後の売上高は5797億円で、営業利益は1279億円の見通し。政府や自治体への納付金を抜いても、フリーキャッシュフローは5000億円を超え、開業から10年で投資額を回収するとしている。

資金調達の計画をまとめたのが次図だ。

具体的な資金計画を持ち回っていた
—みずほ銀行が提案したスキーム—

バックファイナンス
みずほ銀行、三井住友信託銀行、横浜銀行が融資

総事業費 1兆円

エクイティー4000億円	オペレーター	オペレーター	2000億円
	国内企業	京急電鉄	200億〜800億円
		大成建設	600億円
		JTB	100億円
		キヤノン、サントリー、東京建物、電通など八社会	100億円
		DeNA	100億円
		京急不動産	100億円
		セガサミー	数十億円
		地元経済界	
シニアローン6000億円	メイン・準メイン	みずほ銀行	3000億円
		三井住友信託銀行	
		横浜銀行	
	国内銀行	政策投資銀行	
		国内銀行	

まず海外のＩＲオペレーターが２０００億円、京浜急行電鉄や大成建設、東京建物、キヤノンといった旧富士銀行系の芙蓉グループに電通やＪＴＢ、サントリーを加えたいわゆる「八社会」などが２０００億円、合わせて４０００億円を出資する計画。そのうえで、ほかの債権よりも優先的に弁済されリスクの低い「シニアローン」でみずほ銀行、三井住友信託銀行、横浜銀行などが計６０００億円を融資するとしており、総事業費は約１兆円になる見込みとしていた。

ところがコロナ禍の影響で、オペレーターが相次いで撤退を始める。横浜市と蜜月の関係にあったとされる米ラスベガス・サンズが日本におけるカジノプロジェクトを断念すると発表。米ウィン・リゾーツも横浜市内に開設していた事務所を閉鎖した。

残るは、大阪進出を見送って横浜に鞍替えした香港のメルコリゾーツ＆エンターテインメントくらい。だが、一部に「政府が中華系の事業者を嫌がっている」との情報もあり、想定されていた出資者たちの足並みは乱れ始めた。

そんな折だった。ＩＲ誘致の是非が争点となった横浜市長選挙で、誘致の即時撤回を公約としていた山中竹春氏が当選してしまったのだ。

「これで完全に終わった。通常のシニアローンでも年2%程度の高い金利が取れるだけに、非常に痛い」とみずほ銀行の幹部は語る。

大阪でIR事業者に選ばれたオリックスのメインバンクは三菱UFJ銀行で、三井住友銀行も積極的に関与しており、みずほ銀行はIRでも一敗地にまみれた形だ。

(田島靖久)

「不正」見逃し上場に加担

好業績の裏で相次ぐ不祥事

「将来有望と言われたのに、ふたを開けたら虚偽の業績。投資してから株価はまったく上がらなかった」

大阪府内で病院を経営する男性は、怒りを抑えきれない様子でそのように語る。男性が購入したのは、電子機器の受託製造を営むユー・エム・シー・エレクトロニクス（UMC）の株。UMCは2016年に東証1部に上場、18年に公募増資で約87億円を調達した。主幹事証券会社はいずれもみずほ証券。男性は18年5月、付き合いのあったみずほ証券の社員に勧められ、約1億円分の株を購入していた。

ところが、一向に業績は好転しない。それどころか、出資してから約1年後の19年7月、会社を揺るがす大事件が起きた。主力の中国子会社で、売り上げの架空計上や原材料の在庫水増しなどの不正会計が発覚したのだ。

同年12月には東証がUMCを特設注意市場銘柄（特注）に指定。特注とは、内部管理体制に問題がある企業に一定期間内での改善を求める制度で、改善されない場合は上場廃止だ。この間、株価は下がり続け、男性は特注指定を機に全株を手放した。損失は約9000万円に及ぶという。

外部調査の結果、UMCの不正は上場前の2011年ごろから行われていたことが判明した。つまり、不正は上場前から続いていたわけで、上場時や公募増資時も、虚偽の決算情報で投資を募集していたことになる。14年3月期から19年3月期までの6年間で過大計上していた営業利益は341億円に上る。

UMCとみずほの関係は深い。みずほ証券が上場時の主幹事を務めていたことに加え、UMCはみずほ銀行から財務担当の役員を受け入れていたのだ。11年に常務として入社し、不正の舞台となった中国子会社の副董事長に就任していた。

調査報告書では、この役員が不正への対応を協議する経営会議に出席していただけでなく、一部については指示までしていたことが認定されている。この役員は15年に日本に戻り、副社長兼管理本部長として翌年に控えた株式上場に関する業務にも関わっている。

「うちの中国社（子会社のこと）を見に来てほしい。生産性は世界一。これからどんどん大きくなる」

創業家出身の内山茂樹社長（当時）は決算説明会の場などで本誌記者にそう誘いかけていた。だがその実態は、内山社長が思い込みで強気の予算目標を課し、達成できなければ「なぜできないいんだ」とプレッシャーをかけるなど、強引な手法を取っていたことが調査報告書で明らかになっている。

実際、ＵＭＣが出す業績予想も強気な数字が多く、期中に下方修正を強いられることがたびたびだった。当時、みずほ銀行出身の副社長に予想の根拠を尋ねても明確な回答はなく、別のＩＲ担当社員が「副社長は立場上ああ言うしかない。目標達成が難しいのは事実」と耳打ちするようなありさまだった。

銀行出身で経理に精通していたにもかかわらず、ワンマン社長の暴走を止められなかったばかりか、不正に手を貸していたみずほ銀行出身の副社長は、不正発覚の直前に退任。直後に別のみずほ出身者が副社長として送り込まれたが、本誌の取材にこううなだれた。「製造原価の計算すらいいかげん。普段融資に携わる銀行マンなら一瞬で見破れる不正を黙認してしまうのは情けないし、恥ずかしい」。

結局、不正発覚に伴う決算訂正で財務が大きく傷んだＵＭＣは、２１年3月に主要取引先である豊田自動織機をはじめとしたトヨタグループ3社からの第三者割当増資を受けた。豊田自動織機からは社長も受け入れ、事実上トヨタグループの傘下に入った。

東証は4月、「相応の内部管理体制が構築、運用されていることが認められた」として、特注を解除。ＵＭＣの東証1部残留を認めた。

ただ、組織的な不正会計による虚偽の決算情報によって多額の資金を調達し、株主に損害を与えた責任は決して軽くない。さらに、経理担当役員を派遣し、主幹事まで務めたみずほフィナンシャルグループが無関係とはいえまい。

冒頭の男性は２０年１２月、ＵＭＣとみずほ証券、ＥＹ新日本監査法人を相手取り約1億円の損害賠償請求訴訟を起こした。男性は「みずほ証券は割り当てられた株をはめ込まなくてはいけなかったのかもしれないが、企業倫理を再考し、責任を取ってほしい」と話す。

だが実は、みずほ証券が問題企業の株の購入を募ったのはこれが初めてではない。２００７年に半導体製造装置メーカー・エフオーアイ（ＦＯＩ）の主幹事を引き受けた際にも同様の不祥事を起こしていたのだ。

2度の告発をスルー

ＦＯＩが不正に手を染めたのは２００４年。０４年3月期決算が大幅赤字に陥ることを知った経営陣が、約１６億円もの架空売り上げを計上したのだ。実際には注文が入っていないにもかかわらず、取引先からの発注書を偽造、代金を売掛金として計上していた。

みずほ証券がＦＯＩの上場審査を引き受けたのは０７年8月。その年の年末、ＦＯＩは東証マザーズへ上場申請した。その際、実際は2億円程度だった０８年3月期の売上高を、95億円と偽っていた。

程なくして東証やみずほ証券に、FOIの粉飾を告発する投書が届く。しかし、みずほ証券は大した調査もせず、無視を決め込んだ。

ただ、東証が問題視したため、FOIは申請を2度取り下げざるをえなくなり、結果的には09年になってようやく上場は承認された。

そこへ2通目の投書が届く。やはり粉飾を告発する内容だったが、みずほ証券はこれも「信憑性がない」と相手にしなかった。

翌年、証券取引等監視委員会が強制調査に乗り出したことでFOIは上場廃止。株主ら200人がみずほ証券らを訴えた。一審と二審で判断は分かれたが、20年末、最高裁判所は「投書による疑義の内容等に応じて調査確認を行ったとみることはできない」として、みずほ証券の責任を認める判決を下した。

21年3月期、好業績だったみずほFG。だがその背後でこうした不祥事が絶えない組織には、大きなひずみが生じているのかもしれない。

（高橋玲央、野中大樹）

視界不良の将来戦略

アジアのシリコンバレーとも呼ばれる中国・深圳。多くのスタートアップ企業が集まるこの地域で、みずほ銀行は「この10年、ぼろ負けしている」(中国系ファンド関係者)。三井住友銀行がみずほの顧客を次々に奪っているというのだ。

日本のメガバンクで深圳に早くから目をつけていたのは三菱UFJ銀行とみずほで、三井住友は最後発。それでも顧客を奪われているのは「みずほは対応が冷たい」(現地の経営者)からだという。

みずほの現地部隊は旧日本興業銀行勢が占めている。ところが、深圳に進出する企業は旧第一勧業銀行や旧富士銀行の顧客だった中小企業が中心だ。旧興銀勢は「俺たちが相手にする連中じゃないと見下している」(前出のファンド関係者)フシがある。顧客は国内と海外とでの対応の変化に嫌気が差し、鞍替えを進めたわけだ。

しかも、こうした構図は「ほかの地域でも同じ」（みずほＯＢ）で、「海外においてみずほは負けが込んでいる」（同）という。

東南アジアで独り負け

今や海外はメガバンクの主戦場の1つと言っても過言ではない。

三井住友フィナンシャルグループの太田純社長が「銀行はＧＤＰ（国内総生産）ビジネスだ」と表現するように、その地域の経済が成長していなければ資金需要は増えず、銀行は儲からない。

メガバンクの本拠地である日本は金融緩和で低金利が続くうえ、経済成長も鈍化している。となれば、より成長が見込まれる地域でのビジネスを拡大させ、その地域の成長を享受していくほかない。

その筆頭として、３メガが狙っているのが東南アジアだ。今後も大幅な人口増加や経済成長が見込まれるうえ、欧米の金融機関は参入しづらい地域だからだ。
結果として近年、各メガバンクは、現地金融機関の買収合戦を繰り広げてきた。
次図は東南アジアの金融機関に対するメガバンクの出資状況をまとめたものだ。

みずほFGの出資はわずか1件
—アジア地域におけるメガバンクの出資案件—

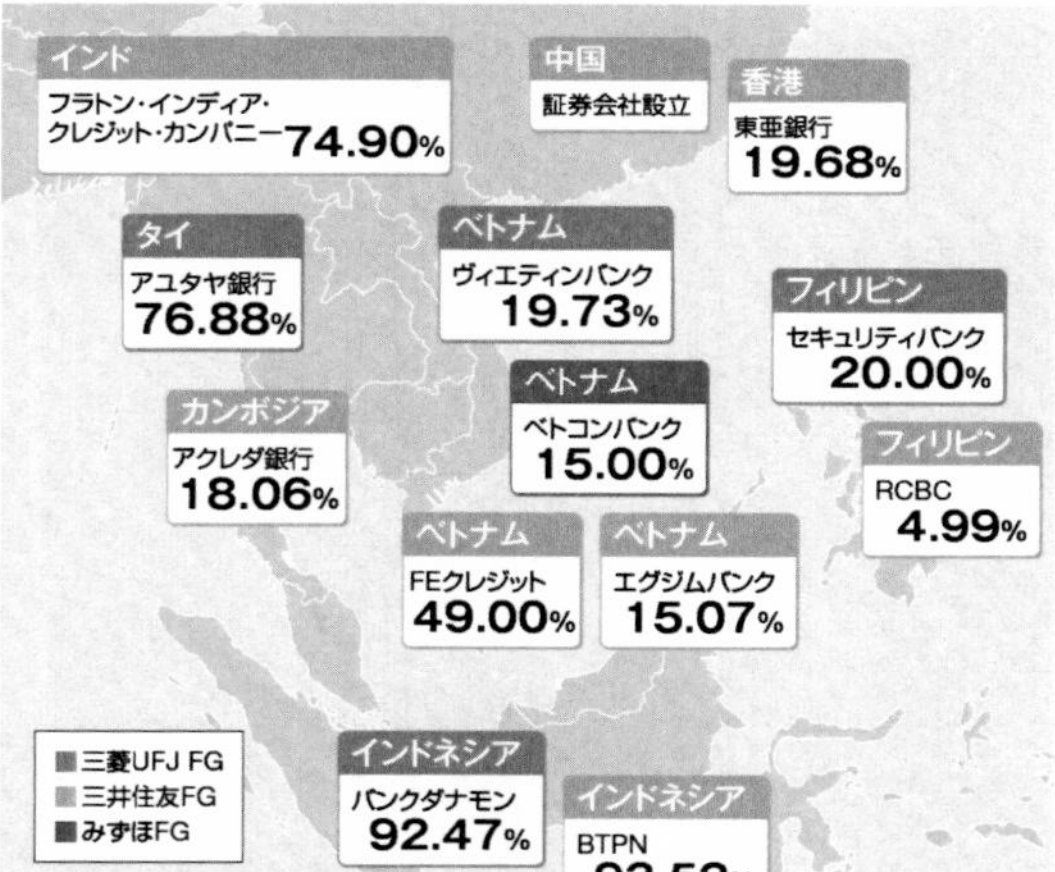

(注)数値は出資比率
(出所)各社資料を基に本誌作成

3メガの中でも盤石の体制を築いているのが三菱UFJフィナンシャル・グループ。2019年にインドネシアの「バンクダナモン」を子会社化したことで、「東南アジアのフランチャイズは完成した」（三毛兼承前社長）と語るほどだ。商業銀行を複数持ち、出資の比率も高い。リスクは高いものの収益への貢献も大きくなる。

さらに、20年には東南アジアの配車アプリ企業「Grab」に出資。現地で1億5800万台以上のモバイル端末にダウンロードされているアプリであることから、その顧客を近隣の商業銀行とつなげることで、さらに強固な顧客基盤の構築を目指している。

三菱UFJを猛追するのが三井住友だ。こちらも19年にインドネシアの銀行「BTPN」を子会社化。その後も東南アジアで「第2、第3のSMBCグループをつくる」（太田社長）と攻勢をかける。

21年に入り、4月にベトナムのノンバンク「FEクレジット」、6月にフィリピンの「リサール商業銀行（RCBC）」、7月にインドのノンバンク「フラトン・インディア・クレジット・カンパニー」と、次々に出資を発表している。

商業銀行だけでなく、ノンバンクなども対象に入れ、それぞれを連携させることで、日本のメガバンクのような多機能の大金融機関をつくろうという青写真だ。

一方、みずほフィナンシャルグループを見てみるとこれまでに実施した案件はわずか1つだけ。他メガのような体制には程遠い。

背景には、みずほ自身の体力の問題があった。「自己資本が他メガに劣り、大きな投資ができなかった」（みずほOB）のだ。

銀行には規制があり、8%以上の自己資本が求められている。投資をするためにはそれを上回る資本が必要で、みずほとしては、買収より先に9%を超えるまで資本を蓄積することが最優先だったのだ。

21年度にやっとのことで9・1%にたどり着いたものの、今から次々に買収をするのは困難だ。金融機関の買収には、国ごとに厳しい規制が敷かれている。とくに、商業銀行の買収に対しては厳しい。

比較的規制の緩い地域を狙ったとしても「他メガが狩り尽くしているため、買えるのは残り物だけ」（メガバンク幹部）。競争力がある買収を行うのは至難の業だ。

そこで、みずほが掲げる戦略が「ＢｔｏＢ」。貿易に必要な資金調達などのサービスを中心に展開するというものだ。非日系の地場企業や多国籍企業への営業を強めて収益を確保する方針だが、こちらにも難しさはある。当然、「現地銀行を持っているほうが、有利」（メガバンク幹部）だからだ。今後もさらに差をつけられる可能性は高い。

冴えない新規事業

海外で収益を伸ばせないのであれば、新たな収益源を模索するしかない。

実際、みずほはそうした施策を他メガより早く、多く打ち出してきた。とくに力を入れていたのは３つ。「Ｊスコア」「Ｊコインペイ」「ＬＩＮＥ Ｂａｎｋ」だ。

Ｊスコアは２０１６年にソフトバンクと組んで始めたＡＩスコアサービス。顧客の情報を基に信用力をスコア化、それを使った融資サービスを展開している。

スコアの取得数は１４０万人と増加傾向を維持しているものの、貸出残高が増えなければ、収益は安定しない。２１年３月期の決算は４２億円の最終赤字で、伸び悩みが見て取れる。

Ｊコインペイはほかの銀行を巻き込み、「オールジャパン」をうたった決済サービスだった。しかし、他メガはもちろん、有力地方銀行すら参加を見送り、開始前からつまずいてしまった。

その結果、最も勢いがつくはずだった政府の「キャッシュレス・消費者還元事業（19年10月～20年6月）」の時期に思うような利用増が得られず、存在感は薄いままだ。

ＬＩＮＥ Ｂａｎｋはいつまで経っても開業が見えない。20年度中としていた設立時期は、22年度中と大幅に先延ばしされた。

開業には当然、免許が必要だが、みずほはシステム障害を連発。ＬＩＮＥ側も個人情報漏洩問題を起こし、当局からは「銀行として運営できるのか」と否定的な声も聞こえ、難航は必至だ。

東南アジアを中心とした海外は周回遅れ、新規ビジネスも鳴かず飛ばず。種まきに失敗したみずほの将来は不透明だ。


（藤原宏成）

【独自調査】メインバンク満足度

だから みずほ は嫌われる

「システム障害で顧客に迷惑をかけない体制整備はもちろん、もっと顧客に選ばれるための努力をしてほしい」

ある東証1部上場企業の財務担当者は、メインバンクのみずほ銀行に対し、こう注文をつける。ここのところ相次ぐシステム障害だけでなく、みずほの経営姿勢自体にも不満を感じているのだ。

東洋経済では、9月10日から東証1部上場企業を対象にした「メインバンクアンケート調査」を実施。2048社に調査票を送付し、個別企業の名前を開示しないことを条件に534社から回答を得た。(調査方法など後述)

アンケートでは、メインバンクに対する満足度をはじめ、評価できる点や、今後乗り換えたい銀行などを尋ねたほか、メインバンクへの要望も併せて聞いた。

企業はメインバンクに、生殺与奪の権を握られていると言っても過言ではなく、面と向かっては文句を言えない。それだけに、集計結果からは企業の本音が漏れてくる。では、メインバンクに対する不満の数々を紹介しよう。

534社から回答を得た。(調査方法など後述)

アンケートでは、メインバンクに対する満足度をはじめ、評価できる点や、今後乗り換えたい銀行などを尋ねたほか、メインバンクへの要望も併せて聞いた。

企業はメインバンクに、生殺与奪の権を握られていると言っても過言ではなく、面と向かっては文句を言えない。それだけに、集計結果からは企業の本音が漏れてくる。では、メインバンクに対する不満の数々を紹介しよう。

突出するみずほへの不満

まず、メインバンクに対する満足度を「非常に満足」、「満足」、「不満」、「非常に不満」の4段階で尋ねた。

目を引くのは、みずほ銀行の不満率の高さ。みずほ銀行がメインバンクだと回答した134社のうち約10%が「不満」と回答。これは、4%以下だった三菱UFJ銀行や1%未満の三井住友銀行などほかのメガバンクと比較して突出して高い。

なぜこんなに不満率が高いのか。不満と答えた企業に、その理由を選択肢から選んでもらった。足元で連続して起きたシステム障害に対する不満が多いのは当然として、4割以上の企業がみずほ銀行の「貸出金利が相対的に高い」ことを理由に挙げた。

不満率はみずほ銀行がナンバーワン

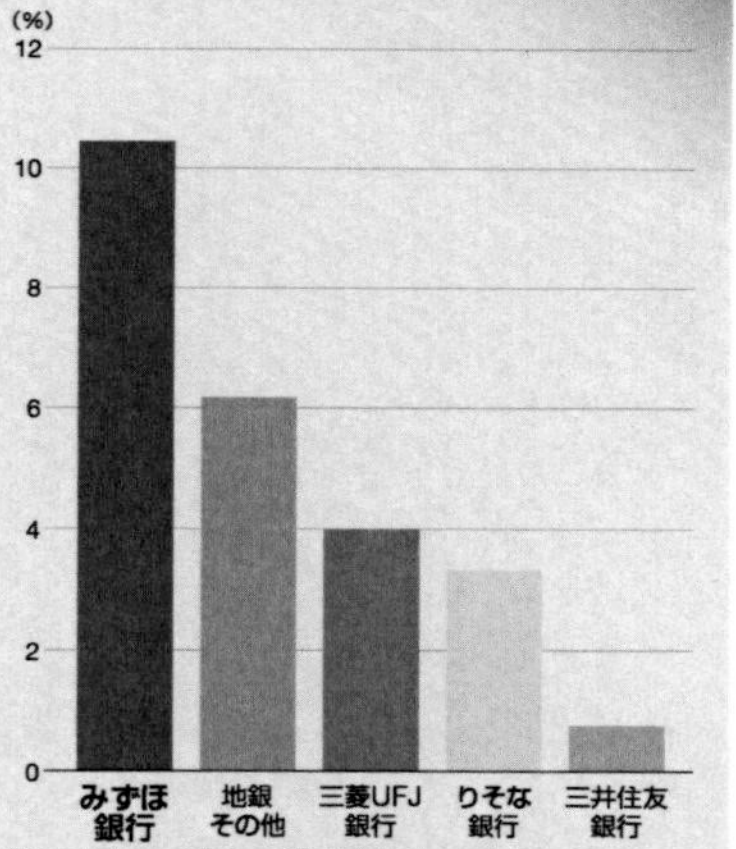

（注）不満率は、「不満」または「非常に不満」と回答した企業が当該銀行をメインバンクと回答した企業の総数に占める割合

システム障害・金利の高さが不満に

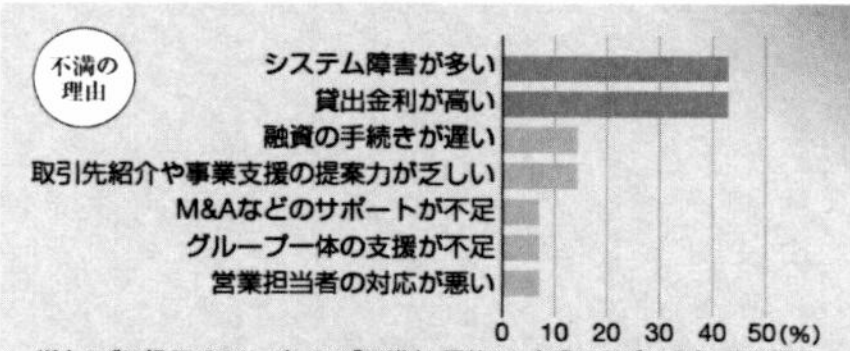

（注）みずほ銀行がメインバンクで「不満」と回答した企業が挙げた理由。複数回答のため合計は100%にならない

これについて、ある上場企業の財務担当者は「みずほは大企業に甘いのに中小企業には厳しく、高い金利を押し付けてくる。頑張ってくれる三井住友とは大違いだ」と不満たらたらだ。

選択肢にはない回答を寄せてくれた企業もある。「管理職クラスを中心に旧行の派閥意識が根強い」「信託銀行の年金運用のパフォーマンスが悪い」など、みずほにとっては耳が痛い言葉が並ぶ。

こうした不満は、みずほ銀行のメインバンクとしての地位まで危うくしている。というのも、みずほをメインバンクとする企業のうち、5社がメインバンクを変更したいと答えたからだ。

少なく感じるかもしれないが、企業の創業時からあらゆる面で支えてくれたメインバンクを変更したいと考えるのはよほどのことだ。三菱UFJの2社、三井住友の1社と比べても多く、危機的な状況であるといえる。

その理由について、「システムトラブルが多い」ことを挙げる企業が多い中、「（みずほが）メインバンクである必要がない」という衝撃的な回答を寄せた企業があることは特筆に値するだろう。

またメインバンクを変更したいと答えた5社のうち、新たに取引したい先として三井住友と答えたのが2社、三菱UFJか、りそな銀行と答えた企業が1社だった。ほかの銀行からみずほに乗り換えたいと答えた企業はゼロだった。

なぜみずほは選ばれないのか。次図は3メガバンクについて、それぞれ「非常に満足」または「満足」と答えた企業が、どういう理由で選んだのかをまとめたものだ。

「海外」や「提案力」が弱い

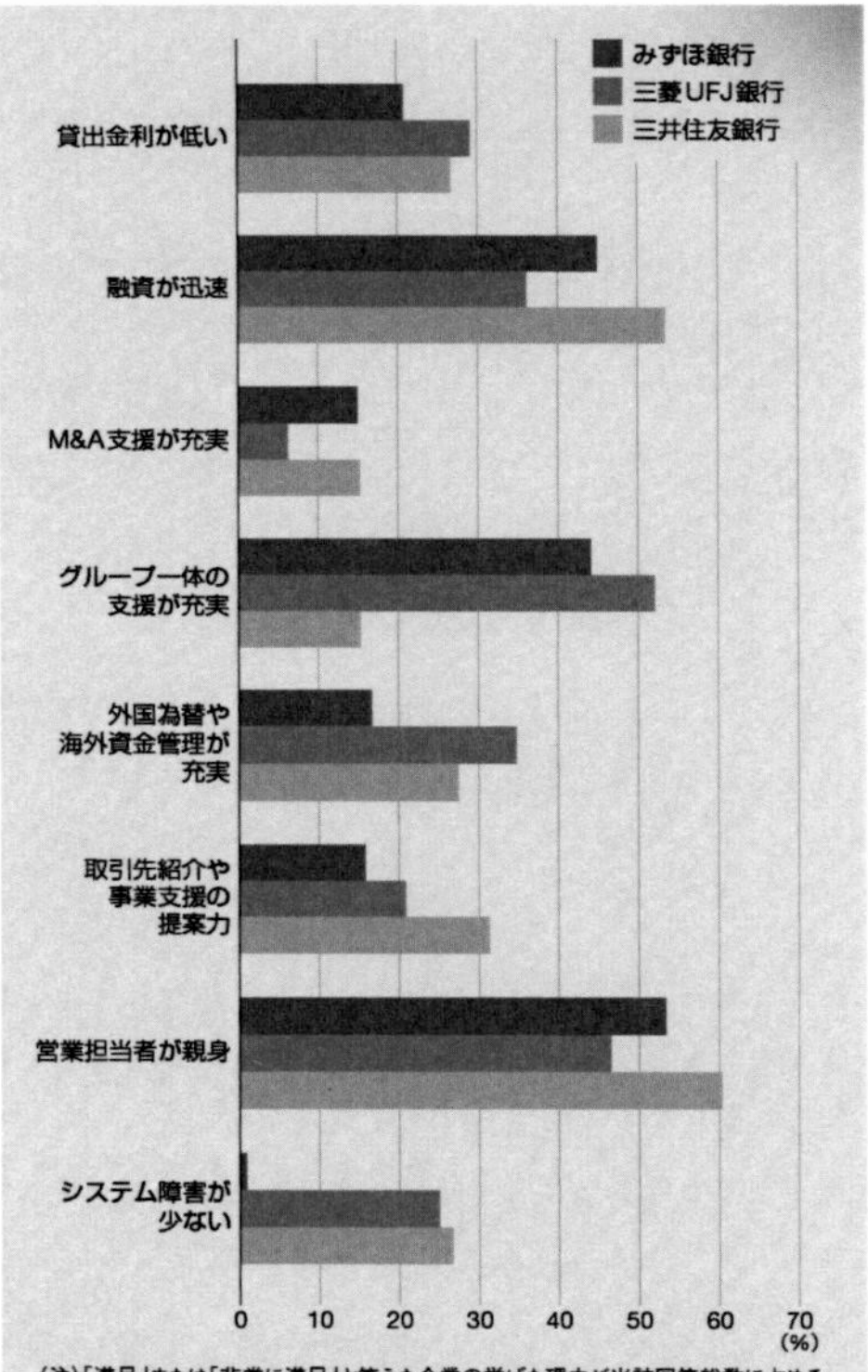

(注)「満足」または「非常に満足」と答えた企業の挙げた理由が当該回答総数に占める比率。複数回答のため合計は100%にならない

まず、みずほから見ていこう。満足の理由としていちばん多かったのは、営業担当者が親身であること。

だが、海外での資金管理や取引先の紹介といった、いわゆるコンサルティングを必要とする分野では満足度が相対的に低い。つまり担当者は親切でも、企業が期待するサービスは提供できていないといえる。また融資に関しては、スピードにこそ満足しているものの、貸出金利に関してはそこまででもない。

一方、三菱ＵＦＪは信託や証券など銀行以外のグループ会社との連携で頭一つ抜けた。外国為替など海外展開でも評価が高い。

三井住友は、取引先の紹介や事業支援の提案力で満足度が高くなった。「担当外の業務についても真摯に対応し、関連部署を紹介してくれる」「海外拠点網が充実しており、国内外で業務支援が期待できる」など、他行と比べ肯定的な回答が多かった。

ちなみに、三井住友がメインと回答した企業のうち、３３％が最高評価の「非常に満足」と回答しており、１６％のみずほや２４％の三菱ＵＦＪに大差をつけた。

アンケートからは銀行業界が抱える課題も浮き彫りになった。銀行に対する要望で最も多かったのが「ペーパーレス、ハンコ廃止への対応」だ。コロナ禍で在宅勤務の普及が進んだ一方、「銀行関連の書類だけはいまだに紙ベースで、そのために出社させられている」と財務担当者は不満げだ。

現在、各銀行はＩＴ化を進めて利便性を高めることで、取引量の拡大を狙っている。しかし、８２％の企業が「取引量は変わらない」と答え、期待していない。そればかりか「対面での手続きが減るだけで取引量は変わらない」「新しい取引のイメージがない」など、手厳しいコメントが並ぶ。

今回のアンケート調査では、銀行に対するさまざまな要望について、自由記述で回答してもらった。そのうち特徴的なものには、「貸出金利の設定をもっと柔軟にしてほしい」という具体的な要望から、「株式の政策保有が解消に向かう中で、メインバンク制度は崩壊する。各銀行が専門性を高めないと専門性の高いブティック経営の企業に代替されるだろう」という悲観的な将来予測まで多岐にわたる。

盤石ではないシェア

ここまでアンケート結果を分析してきたが、最後にメインバンクとしてのみずほの〝立ち位置〟について確認しておく。

『会社四季報』をベースに、3メガバンクのシェアと、時価総額ごとのシェアを見たのが次図だ。これを見れば、みずほは時価総額1兆円まではシェアが高いものの、1兆円以上の超大企業に弱く、3メガバンク中最下位だ。しかし上場企業全体で見れば三菱ＵＦＪと拮抗する25％のシェアを押さえている。

時価総額1兆円以上の超大企業に弱い —時価総額ごとのシェア—

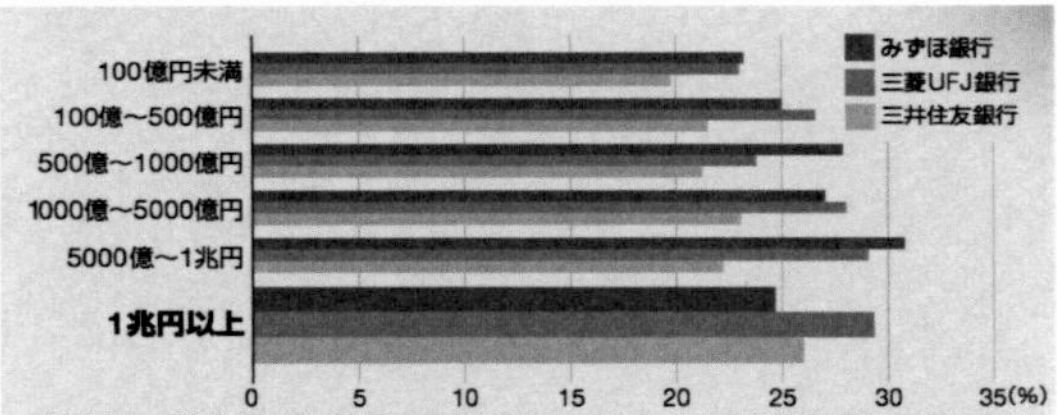

(注)『会社四季報』で最上位に掲載されている銀行をメインバンクと仮定。時価総額は10月1日時点の株価に基づく (出所)『会社四季報 2021年4集』、会社四季報オンライン

上場企業のメインバンクのシェアは依然高い

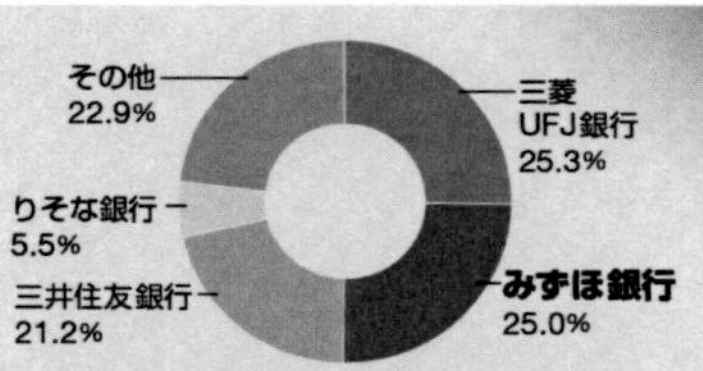

(注)『会社四季報』で最上位に掲載されている銀行をメインバンクと仮定。社数を全上場企業数で除して計算
(出所)『会社四季報 2021年4集』、会社四季報オンライン

こうしたシェアが今後も盤石かといえばそうとは限らない。先に見たとおり、現在みずほをメインバンクとしている企業の中には「乗り換えたい」と考えている企業が相当程度あるからだ。みずほの将来は、不透明といわざるをえない。

（梅垣勇人）

【アンケートの概要】

2021年9月10日に銀行や証券など金融関連の企業を除く東証1部上場の2048社に調査票を郵送。郵送、メール、ファクスで10月1日までに534社から回答を得た。調査票では各社にメインバンクを尋ねたほか、メインバンクに対する満足度と満足／不満の理由、メインバンクを変更したいかどうか、新たに取引したい銀行があるかどうか、ITの活用が広がる中で銀行との取引が増えるかどうか、銀行のあるべき姿をどう考えるかの6項目を聞いた。複数の銀行をメインバンクとして回答した場合は、『会社四季報』を参考に最上位に記載のある銀行をメインバンクとした。

加速する　みずほ離れ

「みずほのリテール戦略の骨格が出来上がった」

2004年8月。都内で記者会見したみずほ銀行の杉山清次頭取（当時）は力を込めてこのように語った。

この日、みずほ銀行と、流通系カード最大手のクレディセゾン、そしてみずほフィナンシャルグループ傘下のユーシー（UC）カードの3社は、クレジットカード事業で戦略的業務提携を締結。UCのカード発行業務をクレディセゾンに移管、逆にUCはクレディセゾンから請求業務や与信管理などの事務部門の移管を受けると発表した。

当時、メガバンク各社は収益力の向上を目指し、有望とみられていたリテール分野のクレジットカードや個人向け無担保ローンなどの取り込みを図っていた。みずほも信販大手のオリエントコーポレーションと個人向けローンで提携しており、クレディセゾンを引き込むことで〝パーツ〟がそろったというわけだ。

ところがだ。その際、資本提携によって傘下に収めたほかのメガバンクグループとは違い、緩やかな提携にとどめたことが、みずほにとって、のちにあだとなる。発表から15年が経った19年10月、みずほとクレディセゾンは業務提携を解消し、たもとを分かつことになってしまうからだ。両社は盟友関係にあり、一時は筆頭株主であったにもかかわらずだ。

クレディセゾンはその後、大和証券グループ本社と資本業務提携を結ぶ。

ユニゾやヒューリックも

「やたらと会議ばかりやるのだが、最終的な結論を出さない。みずほ自身が主体性を持ってビジネスをやるつもりがないからだ。われわれに丸投げするだけで、自分たちでは汗をかこうとしない。何の実績も残せず、本当に無駄な時間だった」

あるクレディセゾン関係者は、みずほとの提携関係にあった15年間をそう振り返る。そのうえで、「唯一の実績は、みずほマイレージクラブカードセゾン（みずほグループとの提携カード）くらい。しかもみずほは海外に弱いため、われわれが進めていた海外戦略にも役立たなかった」と切り捨てる。

確かに資本提携を結んでいるわけではないため、みずほにとって直接的なメリットは薄い。だが、それは初めからわかっていたこと。ビジネス面で協業する提携だったからだ。

「とくに旧第一勧業銀行の人が去り、旧富士銀行の人も少なくなっていく中でそうした傾向が加速している。昔からのメインバンクだから仕方なく付き合っているだけで、経営陣はメインバンクを変えてもいいと思っているのではないか」と関係者はみる。

今、こうした親密先の「みずほ離れ」が加速している。象徴的なのが不動産会社だ。旧日本興業銀行系のユニゾホールディングスは、現在みずほＦＧの会長を務める佐藤康博氏との社長レースに敗れた、同じ興銀出身の小崎哲資氏が社長に就任して以降、増資を繰り返し、みずほの持ち株比率を低下させていった。社名も常和ホールディングスからユニゾに変更、みずほからの脱皮を目指した。

「佐藤氏をライバル視していた小崎氏は、レースに敗れたためで、自分の〝王国〟をユニゾにつくりたかったのではないか」というのが衆目の一致するところだ。

図らずも旅行大手のエイチ・アイ・エスや投資ファンドなどに敵対的買収を仕掛けられ、その夢は破れるが、みずほからの独立意識は強烈だった。

旧富士銀系のヒューリックも同様だ。もともと旧富士の店舗などの管理を主な事業としていたが、ワンバンクになる前の旧みずほ銀行で副頭取まで務めた西浦三郎氏が社長に就任（現在は会長）して以降、ビジネスモデルを大きく転換、上場まで果たす。

系列不動産会社に支払っている家賃の高さが社外取締役にやり玉に挙げられた際、ほかの不動産会社が減額に応じる中、首を縦に振らなかったのは知られた話。「みずほ系列と言わないでくれ。もうみずほに頼らなくても生きていける」とヒューリック関係者は語る。

リースでも統合に失敗

金融庁から迫られたこともあって、旧みずほ銀行と旧みずほコーポレート銀行が合併、13年に誕生した今のみずほ銀行。だが、こうした不動産会社やリース会社といった系列会社は、旧3行のものがそのまま存在していた。こうした会社を集約したうえで連結対象にして初めて「Oneみずほ」が完成するといわれてきた。

そこで動いたのが、FG社長時代の佐藤氏だった。丸紅と組んで旧興銀系の興銀リースに追加出資し、19年に連結グループ入りさせたのだ。その後、社名もみずほリースに変更。ほかのリース会社にも続くよう秋波を送った。

ところが、みずほは銀行が取ってきた案件を集中的にみずほリースに回し、連結化に応じない東京センチュリーなどには回さない〝兵糧攻め〟を行った。さらに株主総会で会社提案に賛成しない可能性までチラつかせ翻意を迫った。

こうした強硬姿勢を取り続けるみずほに対し、東京センチュリーは反発。結果、関係の深かったNTTと筆頭株主である伊藤忠商事を対象とする第三者割当増資を

２０年に実施する。

今や両社の出資比率は合計で３５％。みずほ銀行や中央日本土地建物などみずほの親密先を合わせた約３０％を上回っている。

各分野で連結化に失敗
―主な関係会社の動向―

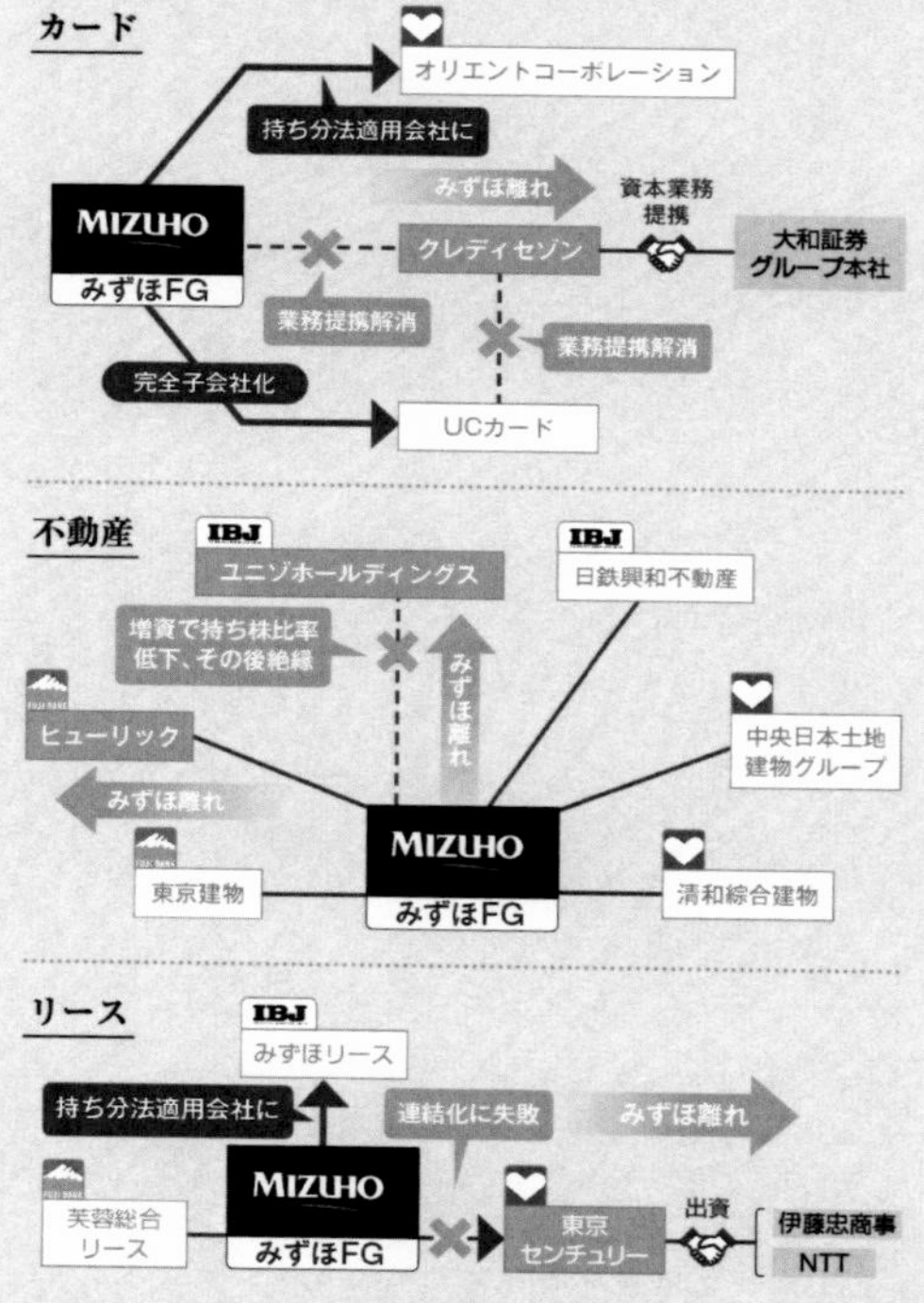

(注) IBJ=日本興業銀行系、[富士銀行マーク]=富士銀行系、[第一勧業銀行マーク]=第一勧業銀行系、FGはフィナンシャルグループ

「旧3行の系列会社を集約しないまま残していたのには、天下り先を確保する側面もあった」(みずほ幹部)。本来はそれよりもグループ収益の向上を目指すほうが先決のはずだが、系列企業の連結化は容易ではなさそうだ。

(田島靖久)

外部招聘の現実味　どうする〝みずほ〟

「『みずほ（瑞穂）』は、『みずみずしい稲の穂』を表す言葉であり、『みずほ（瑞穂）の国』は、実り豊かな国を意味する日本国の美称として用いられています。

この名称は、グローバルな金融市場において、日本を代表する金融機関として、最高水準の総合金融サービスにより、国内外のすべてのお客さまに豊かな実りをご提供していくという決意を込めたものです。

みずみずしさを感じさせる若々しい語感は、新しい企業文化にふさわしく、広くみなさまに親しんでいただける名称であると考えています」

これは、みずほフィナンシャルグループが、「みずほ」という名前の由来について説明したものだ。

バブル崩壊後、不良債権処理に苦しんでいた都市銀行は相次いで合併し、巨大なメガバンクグループが誕生。その先駆けがみずほだった。

それから20年余りが経過、はたしてこの説明どおりの金融機関になれたかと問われれば、その答えは「否」だろう。終わりが見えないシステム障害によって、「最高水準の総合金融サービス」も「国内外のすべてのお客さまに豊かな実りをご提供していく」こともできていないからだ。

確かに企業の合併、中でも大手銀行の場合はとくに難しい。社会的インフラを担っているという側面からシステムが巨大であるうえ、合併行同士が主導権をめぐり激しい人事抗争を繰り広げる習性を持つからだ。

「対等合併」にこだわったみずほは、長い間〝三すくみ〟の状態で内向きの人事抗争に明け暮れ、その過程でリテールやシステムに明るい優秀な人材は駆逐されていった。

そして、旧日本興業銀行勢が実質的に支配し、「ワンバンク」になっても旧行意識は残り、忖度文化がはびこる「統治なき組織」になってしまった。それが相次ぐシステム障害につながったのだ。

だが、みずほ同様に合併で誕生した三菱UFJフィナンシャル・グループや三井住友フィナンシャルグループは、合併に伴う混乱を早期に収拾し、「ワンバンク」として船出を果たしている。

それは合併行同士の優劣、つまり「食った側」と「食われた側」が明確で、システムから営業戦略、給料に至るまで、食った側主導の揺るがぬ企業統治が行われ、いち早く言語と文化を統一したからだ。

「ポスト坂井」の行方

2月末以降に相次いだATM障害などをめぐり第三者委員会は、発表した報告書の中で、組織力やITシステム統制力、顧客目線の弱さを挙げ、こうした点が「容易には改善されない体質ないし企業風土がある」と認定。その企業風土とは、「失点を怖れて積極的・自発的な行動をとらない傾向を促進する」ものだとしている。

問題意識は金融庁も同じだ。金融庁の幹部は、「現場は経営の悪口を言い、経営は現場の悪口を言う。つまり向いている方向が違うため組織に一体感がなく、問題意識が共有されていない。そうした企業風土が問題だ」と明かす。

にもかかわらず、みずほの当事者意識は薄い。当初、みずほ銀行の藤原弘治頭取のクビを差し出すだけで事態の収拾を図ろうとした。抜本的な対応策はもちろん、組織にメスを入れるような改善策など議論さえしていない中でだ。それればかりか、最初のシステム障害から7カ月強が経過した10月8日に開いた記者会見でも、「基幹システムを使いこなせていない」と述べるありさまだ。

こうした状況を前に、金融庁幹部も「もう、みずほ自身による改革は無理だ」と語り、中には「人事、組織をゼロベースから見直し、再構築することが必要」と口にする人もいる。

ただ、現経営陣にはそうした発展的な組織の解体と再構築を図れる人材はいないとの見方がもっぱら。そこで話題となるのは、ポスト坂井体制だ。

しかし「みずほ内部に、坂井さんの次を担える人材はいない」（みずほ幹部）のが現状。そのため、「今のみずほは外圧でしか変われない。であれば、かつてのりそなのように、外部から連れてくるしか手はないのではないか」など、みずほ内外からは「外部招聘」の声が上がる。

これに対し、みずほ幹部からは「われわれは一時国有化されたわけではない。りそなと一緒にするな」といった反論が聞かれるが、「このままずるずるシステム障害が続けば、現実味を増すかもしれない」と不安な表情も浮かべる。

かつて、総会屋への利益供与事件をめぐって旧第一勧業銀行の近藤克彦頭取は、「呪縛が解けなかった」と述べた。総会屋の呪縛こそ解けたものの、組織自体を覆う誕生時からの呪縛を断ち切って再出発を図らなければ、みずほに明日はない。

（田島靖久）

【週刊東洋経済】

本書は、東洋経済新報社『週刊東洋経済』2021年10月23日号より抜粋、加筆修正のうえ制作しています。この記事が完全収録された底本をはじめ、雑誌バックナンバーは小社ホームページからもお求めいただけます。

小社では、『週刊東洋経済eビジネス新書』シリーズをはじめ、このほかにも多数の電子書籍ラインナップをそろえております。ぜひストアにて「東洋経済」で検索してみてください。

『週刊東洋経済eビジネス新書』シリーズ

No.371　富裕層マル秘マネー学
No.372　コロナ時代の新住宅事情
No.373　日立・三菱重工の岐路
No.374　脱炭素サバイバル
No.375　郵政崩壊

No.376 脱・ストレスの処方箋
No.377 働き方と経営の法律
No.378 コロナ倒産危機
No.379 車載半導体 争奪戦
No.380 マルクス vs. ケインズ
No.381 医療テック最前線
No.382 漂流する東芝
No.383 不動産投資 光と影
No.384 コンサル全解明
No.385 大転換の商社ビジネス
No.386 会社とジェンダー
No.387 全解明 経済安全保障
No.388 ソニー 掛け算の経営
No.389 2050年の中国〔前編〕

No.390　2050年の中国〔後編〕
No.391　相続の新常識
No.392　無敵の文章術
No.393　物流　頂上決戦
No.394　すごいベンチャー2021〔前編〕
No.395　すごいベンチャー2021〔後編〕
No.396　米国株　超入門
No.397　ビジネスと人権
No.398　無敵の話し方
No.399　EV　産業革命
No.400　実家のしまい方

週刊東洋経済eビジネス新書　No.401
みずほ　解けない呪縛

【本誌（底本）】
編集局　田島靖久、藤原宏成、中村正毅
デザイン　小林由依、池田　梢、藤本麻衣
進行管理　下村　恵
発行日　2021年10月23日

【電子版】
編集制作　塚田由紀夫、長谷川　隆
デザイン　大村善久
表紙写真　今井康一
制作協力　丸井工文社

発行日　２０２２年９月８日　Ver.1

発行所　〒１０３－８３４５
東京都中央区日本橋本石町１－２－１
東洋経済新報社
電話　東洋経済カスタマーセンター
０３（６３８６）１０４０
https://toyokeizai.net/

発行人　駒橋憲一

電子書籍化に際しては、仕様上の都合などにより適宜編集を加えています。登場人物に関する情報、価格、為替レートなどは、特に記載のない限り底本編集当時のものです。一部の漢字を簡易慣用字体やかなで表記している場合があります。本書は縦書きでレイアウトしています。ご覧になる機種により表示に差が生じることがあります。

※本刊行物は、電子書籍版に基づいてプリントオンデマンド版として作成されたものです。